© 2023 **booq** publishing, S.L.
c/ Domènech, 7-9, 2º 1ª
08012 Barcelona, Spain
T: +34 93 268 80 88
www.booqpublishing.com

ISBN: 978-84-9936-639-5 [EN]
ISBN: 978-84-9936-631-9 [ES]

© Éditions du Layeur
Dépôt Légal : septembre 2023
Espagne, en septembre 2023

ISBN : 978-2-38378-061-8

Editorial coordinator:
Claudia Martínez Alonso

Art director:
Mireia Casanovas Soley

Editor and layout:
Francesc Zamora Mola

Translation:
© **booq** publishing, S.L.

Printing in Spain

booq affirms that it possesses all the necessary rights for the publication of this material and has duly paid all royalties related to the authors' and photographers' rights. **booq** also affirms that is has violated no property rights and has respected common law, all authors' rights and other rights that could be relevant. Finally, **booq** affirms that this book contains neither obscene nor slanderous material.
The total or partial reproduction of this book without the authorization of the publishers violates the two rights reserved; any use must be requested in advance.
In some cases it might have been impossible to locate copyright owners of the images published in this book. Please contact the publisher if you are the copyright owner in such a case.

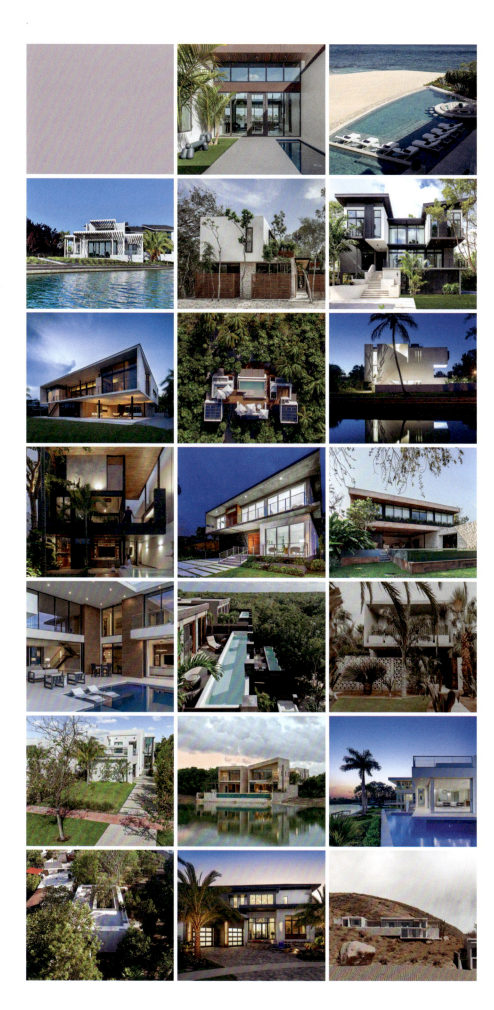

6	INTRODUCTION
10	PHIL KEAN DESIGN GROUP
22	EZEQUIEL FARCA STUDIO
36	ROBERT NEBOLON ARCHITECTS
50	STUDIO ARQUITECTOS
64	SOW DESIGN STUDIO
78	DAMIEN BLUMETTI ARCHITECT
92	GANTOUS ARQUITECTOS
106	HALFLANTS + PICHETTE
120	DESNIVEL ARQUITECTOS
128	ONE D+B MIAMI ARCHITECTURE
144	R79
158	Hlevel Architecture
170	GERBILSKY WAINBERG ARQUITECTOS
182	fabriK·G
196	SEBASTIAN EILERT ARCHITECTURE
208	ELÍAS GROUP
222	SOLSTICE Planning and Architecture
236	PLUG architecture
250	LYMOLO DESIGN STUDIO
264	ARCHITECTS BY THE SEA

For hundreds of years, people have visited the coast for vacation getaways, mostly to escape the uncomfortable hot weather found inland. What makes the coast so pleasant? For one, ocean water tempers the coastal air temperature by eliminating extreme highs and lows. Coastal areas also have sea breezes, which also temper the marine climate into a range more pleasant to humans. Modern travel has allowed many to reside at the coast all year or provide a warm-weather destination when winter arrives at the main residence. Airports and highways connect everywhere so travel is easier. Just as important, modern business communications — remote electronic workstations and smartphones — allow many to spend more time in favored areas instead of the main work office.

Hazards do exist in these areas. Hurricanes pose two problems: High winds and flooding. Extra strong structure and window systems are necessary to resist hurricane-force winds. Since flooding may occur during tropical storms and hurricanes, houses typically are raised to avoid flooding in the primary spaces. Intense sun is a problem in the more southern areas or exposed coastal sites. To respond to these issues, architects can use pavilions, podiums, terraces, gardens, and courtyards as architectural solutions for these coastal issues while providing comfort and enjoyment.

In its simplest form, a pavilion is a roof structure supported by columns. The roof structure provides shade, while the open sides allow for cooling breezes. If one looks closely at the homes featured in this book, most are pavilions with large sliding glass doors acting as infill between the columns. Walls are inserted for privacy, security, and structural resistance to high winds. The glass walls tend to frame the ocean views beyond and allow, when open and on opposite walls, sea breezes to pass through the space and provide comfort. Casa Kem by Gantous Arquitectos is an example of a pavilion design where entire walls fold away for the ultimate contemporary modern coastal pavilion experience. 201 Palm Residence by One D+B Miami Architects is a handsome example of stacked pavilions.

Podiums are another prominent feature of these coastal homes as they provide a level area for the pavilion on what is usually an irregular site. Podiums also raise entire structures above the flood level and enhance ocean views. Smyth 139 and Pal' Mar 11.5, both by R79 Architects, are terrific examples. The well-done Kennedy Park Residence by SOW Design Group presents an open podium to allow parking under the residence.

Pavilions and podiums together create another prominent feature; large extended podiums become generous terraces and create wonderful outdoor areas on the same level. When the sliding glass doors are open, the interior space expands out to the terrace completely uninterrupted. Add a pool and a view, and the effect becomes magical. The Vallarta House by Ezequiel Farca Studio creates the most magic in this regard. The living room floor plan extends out onto the large terrace and then out across the bay to the distant mountains or ocean horizon. Our San Francisco Lagoon Home presents a variation of stacked pavilions on a podium with terraces. Here, the trellis provides a sense of enclosure and sun protection over the terraces while the white-painted steel tube structures frame the views of the water and beyond. When observing the house from across the water, the observer senses a calm, serene symmetry reminiscent of a waterside temple animated by the trellis' shadows.

Gardens and courtyards are another important element of coastal homes because the climate is perfect for lush plantings and cool shaded areas. Plantings can also shade the home for cooling and provide a quiet, shaded respite from the sun. The most successful of these are those found in the interior courtyards. The lushly planted, gently ascending reflecting pools at Smyth 139 by R79 Studio are elegant moments of repose found on the way from the street to the house at the waterside of the building site. Parallel Dwellings by PLUG Architecture demonstrates that the outdoor space and garden can be the primary space around which the entire house is formed. The integration of the spaces, the cooling and ventilation role, and the handling of the natural lighting between the garden and the house are remarkable. Not quite a courtyard or atrium, the linear outdoor space is arranged into different zones. Architecturally, each zone is defined differently to state its use, either by a change of walking surface — stone or grass — or placement of small pavilions — sky or no sky —, or placement of a pool — water or grass.

The homes featured in this volume demonstrate that coastal living home design, in the right hands, creates magical moments for those who wish to be close to the ocean. Successful solutions don't act alone and work best when integrated as one as this collection proves well. The pavilion, the podium, terraces, and gardens together create the indoor-outdoor living perfectly suited for the warm coastal environment.

Robert Nebolon, Architect AIA

Seit Hunderten von Jahren fahren die Menschen an die Küste, um Urlaub zu machen, meist um dem unangenehm heißen Wetter im Landesinneren zu entkommen. Was macht die Küste so angenehm? Zum einen mildert das Meerwasser die Lufttemperatur an der Küste, indem es extreme Hochs und Tiefs ausschließt. In den Küstengebieten weht auch eine Meeresbrise, die das Meeresklima in einen für den Menschen angenehmeren Bereich bringt. Dank der modernen Reisemöglichkeiten können viele Menschen das ganze Jahr über an der Küste wohnen oder ein warmes Ziel wählen, wenn der Winter am Hauptwohnsitz Einzug hält. Flughäfen und Autobahnen verbinden alle Orte miteinander, so dass das Reisen einfacher ist. Ebenso wichtig ist, dass die moderne Geschäftskommunikation - entfernte elektronische Arbeitsplätze und Smartphones - es vielen ermöglicht, mehr Zeit in bevorzugten Gebieten statt im Hauptbüro zu verbringen.

In diesen Gebieten gibt es jedoch auch Gefahren. Wirbelstürme stellen zwei Probleme dar: Starke Winde und Überschwemmungen. Besonders starke Strukturen und Fenstersysteme sind erforderlich, um Orkanböen standzuhalten. Da es bei tropischen Stürmen und Wirbelstürmen zu Überschwemmungen kommen kann, werden die Häuser in der Regel erhöht, um Überschwemmungen in den wichtigsten Räumen zu vermeiden. Intensive Sonneneinstrahlung ist ein Problem in südlicheren Gebieten oder an exponierten Küstenstandorten. Um auf diese Probleme zu reagieren, können Architekten Pavillons, Podien, Terrassen, Gärten und Innenhöfe als architektonische Lösungen für diese Küstenprobleme einsetzen und gleichzeitig für Komfort und Vergnügen sorgen.

In seiner einfachsten Form ist ein Pavillon eine von Säulen getragene Dachkonstruktion. Die Dachkonstruktion spendet Schatten, während die offenen Seiten eine kühlende Brise zulassen. Wenn man sich die in diesem Buch vorgestellten Häuser genau ansieht, handelt es sich bei den meisten um Pavillons mit großen Glasschiebetüren als Füllung zwischen den Säulen. Die Wände dienen der Privatsphäre, der Sicherheit und der strukturellen Widerstandsfähigkeit gegen starke Winde. Die Glaswände rahmen in der Regel die Aussicht auf das Meer ein und lassen, wenn sie geöffnet sind und sich an den gegenüberliegenden Wänden befinden, die Meeresbrise durch den Raum strömen und für Wohlbefinden sorgen. Casa Kem von Gantous Arquitectos ist ein Beispiel für einen Pavillon, bei dem sich ganze Wände wegklappen lassen, um das ultimative moderne Küstenpavillon-Erlebnis zu schaffen. 201 Palm Residence von One D+B Miami Architects ist ein hübsches Beispiel für gestapelte Pavillons.

Podien sind ein weiteres herausragendes Merkmal dieser Küstenhäuser, da sie eine ebene Fläche für den Pavillon auf einem normalerweise unregelmäßigen Grundstück bieten. Podeste heben außerdem die gesamte Struktur über das Hochwasserniveau und verbessern die Aussicht auf das Meer. Smyth 139 und Pal' Mar 11.5, beide von R79 Architects, sind großartige Beispiele. Die gut gelungene Kennedy Park Residence der SOW Design Group verfügt über ein offenes Podium, das das Parken unter der Residenz ermöglicht.

Pavillons und Podeste bilden zusammen ein weiteres herausragendes Merkmal; große, erweiterte Podeste werden zu großzügigen Terrassen und schaffen wunderbare Außenbereiche auf derselben Ebene. Wenn die Glasschiebetüren geöffnet sind, erstreckt sich der Innenraum völlig ungehindert bis zur Terrasse. Wenn man dann noch einen Pool und einen Ausblick hinzufügt, wird der Effekt magisch. Das Vallarta House von Ezequiel Farca Studio ist in dieser Hinsicht besonders magisch. Der Grundriss des Wohnzimmers erstreckt sich auf die große Terrasse und dann über die Bucht hinaus bis zu den fernen Bergen oder dem Meereshorizont. Unser San Francisco Lagoon Home zeigt eine Variante von gestapelten Pavillons auf einem Podium mit Terrassen. Hier sorgt das Spalier für ein Gefühl der Einfriedung und des Sonnenschutzes über den Terrassen, während die weiß gestrichenen Stahlrohrkonstruktionen den Blick auf das Wasser und darüber hinaus einrahmen. Wenn der Betrachter das Haus von der anderen Seite des Wassers aus betrachtet, nimmt er eine ruhige, gelassene Symmetrie wahr, die an einen Tempel am Wasser erinnert, der durch die Schatten des Spaliers belebt wird.

Gärten und Innenhöfe sind ein weiteres wichtiges Element von Häusern an der Küste, denn das Klima ist perfekt für üppige Bepflanzungen und kühle, schattige Bereiche. Die Bepflanzung kann das Haus auch beschatten, um es zu kühlen und eine ruhige, schattige Pause von der Sonne zu bieten. Am erfolgreichsten sind dabei die Innenhöfe. Die üppig bepflanzten, sanft ansteigenden Reflexionsbecken in Smyth 139 von R79 Studio sind elegante Momente der Ruhe auf dem Weg von der Straße zum Haus an der Wasserseite des Baugrundstücks. Parallel Dwellings von PLUG Architecture zeigt, dass der Außenbereich und der Garten der primäre Raum sein können, um den sich das gesamte Haus gruppiert. Die Integration der Räume, die Rolle der Kühlung und Belüftung und der Umgang mit dem natürlichen Licht zwischen Garten und Haus sind bemerkenswert. Der lineare Außenraum, der weder ein Innenhof noch ein Atrium ist, ist in verschiedene Zonen unterteilt. Jede Zone ist architektonisch anders definiert, um ihre Nutzung zu verdeutlichen, entweder durch einen Wechsel des Gehbelags - Stein oder Gras - oder durch die Platzierung kleiner Pavillons - Himmel oder kein Himmel - oder durch die Platzierung eines Pools - Wasser oder Gras.

Die in diesem Band vorgestellten Häuser zeigen, dass das Design von Häusern in Küstennähe in den richtigen Händen magische Momente für diejenigen schafft, die sich die Nähe zum Meer wünschen. Erfolgreiche Lösungen stehen nicht für sich allein, sondern funktionieren am besten, wenn sie als Ganzes integriert werden, wie diese Kollektion beweist. Der Pavillon, das Podium, die Terrassen und die Gärten schaffen zusammen ein Indoor-Outdoor-Living, das perfekt für die warme Küstenumgebung geeignet ist.

Robert Nebolon, Architect AIA

Depuis des centaines d'années, les gens se rendent sur la côte pour y passer leurs vacances, principalement pour échapper à la chaleur inconfortable de l'intérieur des terres. Qu'est-ce qui rend la côte si agréable ? Tout d'abord, l'eau de mer tempère la température de l'air côtier en éliminant les hauts et les bas extrêmes. Les zones côtières bénéficient également de brises de mer, qui tempèrent le climat marin dans une fourchette plus agréable pour l'homme. Les moyens de transport modernes ont permis à de nombreuses personnes de résider toute l'année sur la côte ou d'y trouver une destination chaude lorsque l'hiver arrive à la résidence principale. Les aéroports et les autoroutes relient tous les endroits, ce qui facilite les déplacements. Tout aussi important, les communications professionnelles modernes — postes de travail électroniques à distance et smartphones — permettent à de nombreuses personnes de passer plus de temps dans des zones privilégiées plutôt qu'au bureau principal.

Les risques existent dans ces zones. Les ouragans posent deux problèmes : Les vents violents et les inondations. Des structures et des systèmes de fenêtres très solides sont nécessaires pour résister aux vents de la force d'un ouragan. Comme les tempêtes tropicales et les ouragans peuvent provoquer des inondations, les maisons sont généralement surélevées pour éviter les inondations dans les espaces principaux. Le soleil intense est un problème dans les régions les plus méridionales ou les sites côtiers exposés. Pour répondre à ces problèmes, les architectes peuvent utiliser des pavillons, des podiums, des terrasses, des jardins et des cours comme solutions architecturales à ces problèmes côtiers, tout en offrant confort et agrément.

Dans sa forme la plus simple, un pavillon est une structure de toit soutenue par des colonnes. La structure du toit fournit de l'ombre, tandis que les côtés ouverts permettent aux brises de se rafraîchir. Si l'on regarde de près les maisons présentées dans ce livre, on constate que la plupart sont des pavillons dotés de grandes portes coulissantes en verre qui servent de remplissage entre les colonnes. Les murs sont insérés pour assurer l'intimité, la sécurité et la résistance structurelle aux vents violents. Les murs de verre tendent à encadrer la vue sur l'océan et permettent, lorsqu'ils sont ouverts et sur les murs opposés, aux brises marines de traverser l'espace et d'apporter du confort. La Casa Kem de Gantous Arquitectos est un exemple de conception de pavillon où des murs entiers se replient pour offrir l'expérience ultime d'un pavillon côtier moderne et contemporain. La résidence 201 Palm de One D+B Miami Architects est un bel exemple de pavillons superposés.

Les podiums sont une autre caractéristique importante de ces maisons côtières, car ils offrent une surface plane pour le pavillon sur un site généralement irrégulier. Les podiums permettent également d'élever des structures entières au-dessus du niveau des inondations et d'améliorer les vues sur l'océan. Smyth 139 et Pal' Mar 11.5, toutes deux réalisées par R79 Architects, en sont de parfaits exemples. La résidence Kennedy Park, très bien réalisée par SOW Design Group, présente un podium ouvert qui permet d'aménager un parking sous la résidence.

Les pavillons et les podiums créent une autre caractéristique importante ; les grands podiums étendus deviennent de généreuses terrasses et créent de merveilleux espaces extérieurs au même niveau. Lorsque les portes coulissantes en verre sont ouvertes, l'espace intérieur s'étend jusqu'à la terrasse sans aucune interruption. Ajoutez une piscine et une vue, et l'effet devient magique. La Vallarta House d'Ezequiel Farca Studio est la plus magique à cet égard. Le plan du salon s'étend sur la grande terrasse, puis sur la baie jusqu'aux montagnes lointaines ou à l'horizon de l'océan. Notre maison Lagoon de San Francisco présente une variante de pavillons empilés sur un podium avec des terrasses. Ici, le treillis donne une impression d'enfermement et de protection solaire sur les terrasses, tandis que les structures en tubes d'acier peints en blanc encadrent les vues sur l'eau et au-delà. En observant la maison de l'autre côté de l'eau, l'observateur ressent une symétrie calme et sereine qui rappelle un temple au bord de l'eau animé par les ombres du treillis.

Les jardins et les cours intérieures sont un autre élément important des maisons côtières, car le climat est idéal pour les plantations luxuriantes et les zones ombragées et fraîches. Les plantations peuvent également ombrager la maison pour la rafraîchir et offrir un répit tranquille et ombragé au soleil. Les cours intérieures sont les plus réussies. Les bassins réfléchissants plantés de manière luxuriante et légèrement ascendants de Smyth 139 par R79 Studio sont d'élégants moments de repos que l'on trouve sur le chemin menant de la rue à la maison, au bord de l'eau du site de construction. Parallel Dwellings de PLUG Architecture démontre que l'espace extérieur et le jardin peuvent être l'espace principal autour duquel toute la maison est formée. L'intégration des espaces, le rôle du refroidissement et de la ventilation et la gestion de l'éclairage naturel entre le jardin et la maison sont remarquables. Loin d'être une cour ou un atrium, l'espace extérieur linéaire est organisé en différentes zones. Sur le plan architectural, chaque zone est définie différemment pour indiquer son utilisation, soit par un changement de surface de marche — pierre ou gazon —, soit par l'emplacement de petits pavillons — ciel ou pas —, soit par l'emplacement d'une piscine — eau ou gazon.

Les maisons présentées dans ce volume démontrent que la conception de maisons côtières, entre de bonnes mains, crée des moments magiques pour ceux qui souhaitent être proches de l'océan. Les solutions réussies ne sont pas isolées et fonctionnent mieux lorsqu'elles sont intégrées, comme le prouve cette collection. Le pavillon, le podium, les terrasses et les jardins créent ensemble un mode de vie intérieur-extérieur parfaitement adapté à l'environnement côtier chaud.

Robert Nebolon, Architect AIA

Durante cientos de años, la gente ha visitado la costa para pasar sus vacaciones, sobre todo para escapar del incómodo calor del interior. ¿Qué hace que la costa sea tan agradable? En primer lugar, el agua del océano atempera la temperatura del aire costero, eliminando las altas y bajas extremas. Las zonas costeras también tienen brisas marinas, que atemperan el clima marino a un rango más agradable para los humanos. Los viajes modernos han permitido a muchos residir en la costa todo el año o proporcionar un destino de clima cálido cuando el invierno llega a la residencia principal. Los aeropuertos y las autopistas conectan todas partes, por lo que viajar es más fácil. Igual de importante es que las comunicaciones empresariales modernas —puestos de trabajo electrónicos remotos y teléfonos inteligentes— permiten a muchos pasar más tiempo en zonas favorecidas en lugar de en la oficina principal de trabajo.

En estas zonas existen peligros. Los huracanes plantean dos problemas: los fuertes vientos y las inundaciones. Para resistir los vientos huracanados se necesitan estructuras y sistemas de ventanas más resistentes. Dado que pueden producirse inundaciones durante las tormentas tropicales y los huracanes, las casas suelen elevarse para evitar inundaciones en los espacios principales. El sol intenso es un problema en las zonas más meridionales o en los lugares costeros expuestos. Para responder a estos problemas, los arquitectos pueden utilizar pabellones, podios, terrazas, jardines y patios como soluciones arquitectónicas para estos problemas costeros, al tiempo que proporcionan confort y disfrute.

En su forma más simple, un pabellón es una estructura de cubierta sostenida por columnas. La estructura del tejado proporciona sombra, mientras que los laterales abiertos permiten la entrada de brisas refrescantes. Si nos fijamos en las casas que aparecen en este libro, la mayoría son pabellones con grandes puertas correderas de cristal que actúan como relleno entre las columnas. Las paredes se insertan para proteger la intimidad, la seguridad y la resistencia estructural a los vientos fuertes. Las paredes de cristal tienden a enmarcar las vistas del océano y permiten, cuando están abiertas y en paredes opuestas, que la brisa marina atraviese el espacio y proporcione confort. Casa Kem, de Gantous Arquitectos, es un ejemplo de diseño de pabellón en el que paredes enteras se pliegan para ofrecer la experiencia definitiva de una casa costera moderna y contemporánea. 201 Palm Residence, de One D+B Miami Architects, es un bello ejemplo de estructuras apiladas.

Los podios son otra característica prominente de estas casas costeras, ya que proporcionan un área nivelada para el pabellón en lo que suele ser un sitio irregular. Los podios también elevan estructuras enteras por encima del nivel de inundación y realzan las vistas del océano. Smyth 139 y Pal' Mar 11.5, ambos de R79 Architects, son magníficos ejemplos. La residencia Kennedy Park, de SOW Design Group, presenta un podio abierto que permite aparcar debajo de la vivienda.

Los pabellones y los podios, juntos, crean otra característica destacada; las grandes plataformas ampliados se convierten en generosas terrazas y crean maravillosas zonas al aire libre en el mismo nivel. Cuando las puertas correderas de cristal están abiertas, el espacio interior se expande hacia la terraza de forma totalmente ininterrumpida. Añada una piscina y unas vistas, y el efecto se vuelve mágico. La Casa Vallarta, del estudio Ezequiel Farca, es la más mágica en este sentido. La planta de la sala de estar se extiende hasta la gran terraza y luego a través de la bahía hasta las lejanas montañas o el horizonte oceánico. Nuestra Casa Laguna de San Francisco presenta una variación de pabellones apilados sobre una base con terrazas. Aquí, la celosía proporciona una sensación de cerramiento y protección solar sobre las terrazas, mientras que las estructuras de tubos de acero pintados de blanco enmarcan las vistas del agua y más allá. Al observar la casa desde el otro lado del agua, se percibe una simetría tranquila y serena que recuerda a un templo junto al agua animado por las sombras de la celosía.

Los jardines y patios son otro elemento importante de las casas costeras, porque el clima es perfecto para las plantas frondosas y las zonas de sombra frescas. Las plantas también pueden dar sombra a la casa para refrescarla y proporcionar un respiro tranquilo y sombreado. Las más logradas son las de los patios interiores. Los estanques reflectantes de Smyth 139, del estudio R79, son elegantes momentos de reposo en el camino de la calle a la casa, junto al agua. Parallel Dwellings de PLUG Architecture demuestra que el espacio exterior y el jardín pueden ser el espacio principal en torno al cual se forma toda la casa. Destaca la integración de los espacios, la función de refrigeración y ventilación, y el manejo de la iluminación natural entre el jardín y la casa. Sin llegar a ser un patio o un atrio, el espacio exterior lineal se organiza en distintas zonas. Arquitectónicamente, cada zona se define de forma diferente para indicar su uso, ya sea mediante un cambio de superficie para caminar —piedra o césped— o la colocación de pequeños pabellones —a cielo abierto o no—, o la colocación de una piscina —agua o césped.

Las casas que se presentan en este volumen demuestran que el diseño de viviendas costeras, en las manos adecuadas, crea momentos mágicos para quienes desean estar cerca del mar. Las soluciones acertadas no actúan solas y funcionan mejor cuando se integran como una sola, como bien demuestra esta colección. El pabellón, el podio, las terrazas y los jardines crean juntos una vida interior-exterior perfectamente adaptada al cálido entorno costero.

Robert Nebolon, Architect AIA

Key Biscayne, Florida, United States. © Gautier Salles on Unsplash.

Bacalar Lagoon, Quintana Roo, Mexico. © Dimitris Kiriakakis on Unsplash.

PHIL KEAN DESIGN GROUP

Phil Kean Design Group (PKDG) is an award-winning, design-driven architecture, residential construction, and interior design firm based in Winter Park, Florida. PKDG specializes in designing one-of-a-kind, luxury, sustainable residences, providing architectural services worldwide and design/build services in Central Florida, the St. Petersburg area, and Central Florida's beaches. PKDG offers modern, transitional, traditional, and Island-inspired architecture, customized to meet the client's tastes. Inspired by Frank Lloyd Wright, Neutra, Schindler, and Meier, PKDG homes reflect Kean's signature approach to spatial and functional design and seamless transitions of indoor-outdoor living spaces. The firm has received extensive recognition including over 300 awards, and was chosen as the architect and builder of the International Builders Show's show home in 2012, 2017, and 2021. Each PKDG home is delivered with a level of creativity and execution that surpasses the client's highest expectations.

Die Phil Kean Design Group (PKDG) ist ein preisgekröntes, designorientiertes Architektur-, Wohnbau- und Innenarchitekturbüro mit Sitz in Winter Park, Florida. PKDG hat sich auf die Gestaltung einzigartiger, luxuriöser, nachhaltiger Residenzen spezialisiert und bietet architektonische Dienstleistungen weltweit sowie Design-/Bau-Dienstleistungen in Zentralflorida, im Gebiet von St. Petersburg und an den Stränden von Zentralflorida an. PKDG bietet moderne, Übergangs-, traditionelle und inselinspirierte Architektur, die auf die Vorlieben des Kunden zugeschnitten ist. Inspiriert von Frank Lloyd Wright, Neutra, Schindler und Meier spiegeln PKDG-Häuser Kean's charakteristischen Ansatz für räumliches und funktionales Design und nahtlose Übergänge von Innen- und Außenräumen wider. Das Büro hat umfangreiche Anerkennung erhalten, darunter über 300 Auszeichnungen, und wurde als Architekt und Bauherr des Showhauses der International Builders Show 2012, 2017 und 2021 ausgewählt. Jedes PKDG-Haus wird mit einem Maß an Kreativität und Ausführung geliefert, das die höchsten Erwartungen des Kunden übertrifft.

Le Phil Kean Design Group (PKDG) est un cabinet primé d'architecture axée sur la conception, de construction résidentielle et de design intérieur, basé à Winter Park, en Floride. PKDG se spécialise dans la conception de résidences durables, luxueuses et uniques, offrant des services d'architecture dans le monde entier et des services de conception/construction en Floride centrale, dans la région de St. Petersburg et sur les plages de la Floride centrale. PKDG propose une architecture moderne, transitionnelle, traditionnelle et inspirée des îles, adaptée aux goûts du client. Inspirées par Frank Lloyd Wright, Neutra, Schindler et Meier, les maisons PKDG reflètent l'approche caractéristique de Kean en matière de conception spatiale et fonctionnelle ainsi que de transitions fluides entre les espaces intérieurs et extérieurs. Le cabinet a reçu une reconnaissance étendue, dont plus de 300 prix, et a été choisi comme architecte et constructeur de la maison d'exposition du International Builders Show en 2012, 2017 et 2021. Chaque maison PKDG est livrée avec un niveau de créativité et d'exécution qui dépasse les attentes les plus élevées du client.

Phil Kean Design Group (PKDG) es un galardonado estudio de arquitectura, construcción residencial y diseño de interiores con sede en Winter Park, Florida. PKDG se especializa en el diseño de uno-de-uno-bueno, de lujo, residencias sostenibles, la prestación de servicios de arquitectura en todo el mundo y el diseño / construcción de servicios en el centro de Florida, el área de St. Petersburg, y las playas del centro de Florida. PKDG ofrece arquitectura moderna, de transición, tradicional e inspirada en las islas, personalizada para satisfacer los gustos del cliente. Inspirado por Frank Lloyd Wright, Neutra, Schindler, y Meier, PKDG casas reflejan la firma de Kean enfoque espacial y el diseño funcional y las transiciones sin fisuras de los espacios de vida interior-exterior. La empresa ha recibido numerosos reconocimientos, entre ellos más de 300 premios, y fue elegida arquitecto y constructor de la casa piloto del International Builders Show en 2012, 2017 y 2021. Cada casa PKDG se entrega con un nivel de creatividad y ejecución que supera las más altas expectativas del cliente.

SNELL ISLE RESIDENCE

Architect: Phil Kean Design Group (LIC # AA26002050)
Interior Designer: Michelle Miller Design
Landscape Designer: Mills Design Group
General Contractor: Campagna Homes
Photographer: © Bos Images

ALOHA RESIDENCE

Architect: Phil Kean Design Group (LIC # AA26002050)
Interior Designer: Phil Kean Design Group
Landscape Designer: Ryan Hughes Design
General Contractor: Phil Kean Design Group
Renderings: © Phil Kean Design Group

philkeandesigns.com   philkeandesigngroup

SNELL ISLE RESIDENCE

St. Petersburg, Florida, United States // Lot area: 18,376 sq ft; building area: 7,063 sq ft

This mid-century modern-inspired house stands out in its traditional Florida coastal neighborhood. Its elegant composition of solid and transparent planes and an alternation of enclosed and open spaces take full advantage of the home's location by the Snell Island Harbor. Access to the house is via a series of steps through a covered entrance opening to a courtyard with a reflecting pool. This design feature achieves two things: it enriches the sense of entry and complies with local codes, which required the new house to be elevated five feet above the ground. The waterfront views from the glazed house entry bring the outside in. The house offers extensive indoor-outdoor living so that the entertaining area doubles when the home's sliding glass doors are opened, and the lanai and pool deck become part of the great room. The sitting area adjacent to the primary bedroom opens to the lanai's whirlpool and fireplace, creating one of the home's most relaxing waterfront viewpoints.

Dieses vom Mid-Century-Modern-Stil inspirierte Haus sticht in seiner traditionellen Florida-Küstenumgebung hervor. Die elegante Komposition aus massiven und transparenten Flächen und ein Wechsel zwischen geschlossenen und offenen Räumen nutzen die Lage des Hauses am Snell Island Harbour optimal aus. Der Zugang zum Haus erfolgt über eine Reihe von Treppen durch einen überdachten Eingang, der zu einem Hof mit einem Reflektionsbecken führt. Diese Gestaltung ermöglicht zwei Dinge: Sie bereichert das Gefühl des Eingangs und entspricht den örtlichen Bestimmungen, die vorschreiben, dass das neue Haus fünf Fuß über dem Boden erhöht sein muss. Die Aussicht auf das Wasser von der verglasten Eingangshalle bringt das Äußere ins Innere. Das Haus bietet ausgedehnte Innen-Außenwohnzimmer, so dass sich der Unterhaltungsbereich verdoppelt, wenn die Glasschiebetüren des Hauses geöffnet sind und die Veranda und der Pooldeck Teil des großen Raums werden. Der Sitzecke neben dem Hauptschlafzimmer öffnet sich zu Whirlpool und Kamin auf der Veranda und bietet einen der entspannendsten Aussichtspunkte auf das Wasser.

Cette maison d'inspiration moderne du milieu du siècle se distingue dans son quartier côtier traditionnel de la Floride. Sa composition élégante de plans solides et transparents ainsi qu'une alternance d'espaces clos et ouverts tirent pleinement parti de l'emplacement de la maison près du port de Snell Island. L'accès à la maison se fait par une série de marches à travers une entrée couverte ouvrant sur une cour avec un bassin réfléchissant. Cette caractéristique de conception permet deux choses : elle enrichit le sens de l'entrée et se conforme aux codes locaux, qui exigeaient que la nouvelle maison soit surélevée de cinq pieds au-dessus du sol. Les vues sur l'eau depuis l'entrée vitrée de la maison apportent l'extérieur à l'intérieur. La maison offre des espaces de vie intérieurs-extérieurs étendus, de sorte que la zone de divertissement double lorsque les portes coulissantes en verre de la maison sont ouvertes. C'est alors que la terrasse couverte et la zone de la piscine deviennent une partie de la grande pièce. L'espace salon adjacent à la chambre principale s'ouvre sur le bain à remous et la cheminée de la terrasse couverte, créant l'un des points de vue les plus relaxants sur le front de mer de la maison.

Esta casa de inspiración moderna de mediados de siglo destaca en su tradicional barrio costero de Florida. Su elegante composición de planos sólidos y transparentes y una alternancia de espacios cerrados y abiertos aprovechan al máximo la ubicación de la casa junto al puerto de Snell Island. El acceso a la casa se realiza por una serie de escalones a través de una entrada cubierta que da a un patio con una piscina reflectante. Esta característica del diseño consigue dos cosas: enriquece la sensación de entrada y cumple los códigos locales, que exigían que la nueva casa estuviera elevada metro y medio sobre el nivel del suelo. Las vistas del paseo marítimo desde la entrada acristalada hacen que el exterior entre en la casa. La casa ofrece una amplia vida interior-exterior, de modo que la zona de ocio se duplica cuando se abren las puertas correderas de cristal, y el porche y la terraza de la piscina pasan a formar parte del gran salón. La zona de estar adyacente al dormitorio principal se abre a la bañera de hidromasaje y la chimenea en la terraza cubierta, creando uno de los puntos de vista más relajantes de la casa frente al mar.

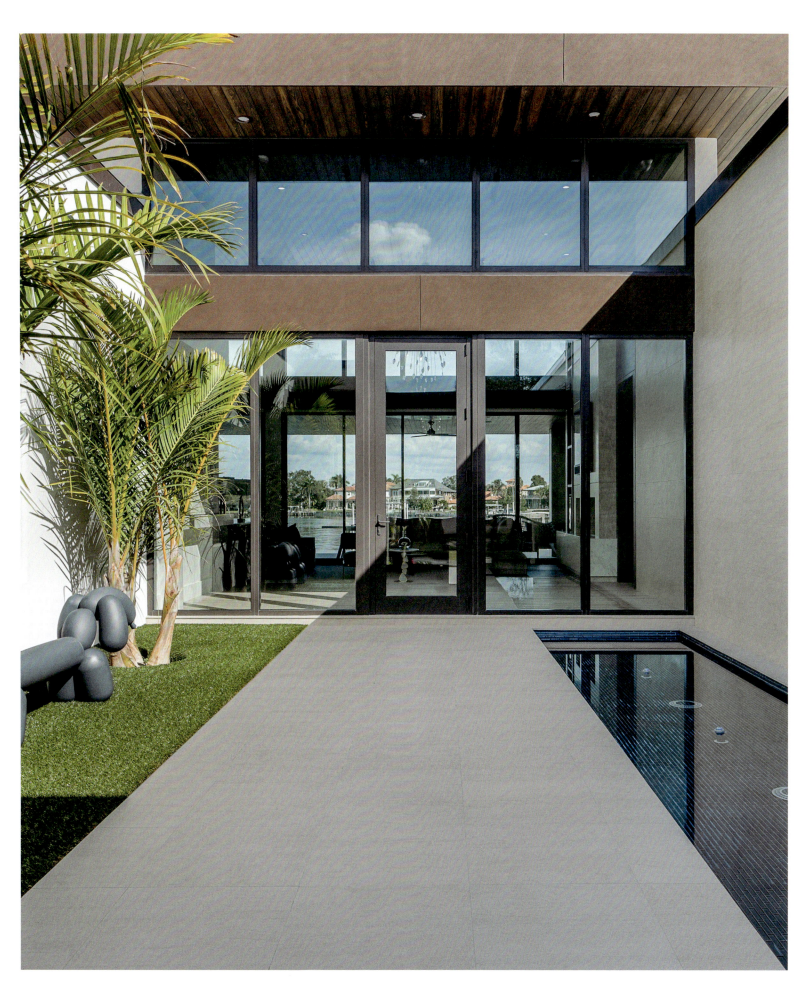

Location map

Ground floor plan

1. Garage
2. Covered entry
3. Courtyard
4. Foyer
5. Great room
6. Kitchen
7. Pantry
8. Bar
9. Laundry room
10. Exercise room
11. Storage
12. Bathroom
13. Bedroom
14. Lanai
15. Summer kitchen
16. Deck
17. Pool
18. Whirlpool
19. Sitting room
20. Powder bathroom
21. Primary bedroom
22. Primary bathroom
23. Primary closet

ALOHA RESIDENCE

St. Petersburg, Florida, United States // Lot area: 16,881 sq ft; building area: 14,741 sq ft

Set on a triangular-shaped lot with unobstructed views of the Boca Ciega Bay Aquatic Preserve, this residence was crafted for a couple seeking a home that would endure for generations. With careful consideration of the unique location and site complexity, the design team masterfully created a haven that integrates nature's beauty with architectural excellence. The home gracefully emerges as a series of stairs leading to the main living space, minimizing indoor-outdoor boundaries and creating an open and airy atmosphere. Walk-out terraces encircle the first, second, and rooftop levels, granting residents the luxury of panoramic views from every point within the house. The base level of the home has been ingeniously designed to accommodate potential water levels, following the flood zone requirements. With its masterful integration of architectural excellence, panoramic views, and a harmonious relationship with nature, this residence encapsulates the allure of coastal living.

Diese Residenz liegt auf einem dreieckigen Grundstück mit uneingeschränktem Blick auf das Boca Ciega Bay Aquatic Preserve und wurde für ein Paar geschaffen, das ein Zuhause suchte, das für Generationen bestehen würde. Mit sorgfältiger Berücksichtigung der einzigartigen Lage und der Komplexität des Geländes schuf das Designteam meisterhaft eine Oase, die die Schönheit der Natur mit architektonischer Exzellenz integriert. Das Haus zeigt sich elegant als eine Reihe von Treppen, die zum Hauptwohnraum führen und dabei die Grenzen zwischen drinnen und draußen minimieren und eine offene und luftige Atmosphäre schaffen. Außenterrassen umgeben die ersten, zweiten und Dachgeschosse und gewähren den Bewohnern den Luxus eines Panoramablicks von jedem Punkt innerhalb des Hauses. Die untere Ebene des Hauses wurde intelligent gestaltet, um potenziellen Wasserständen gerecht zu werden und den Anforderungen der Überschwemmungszone zu entsprechen. Mit seiner meisterhaften Integration von architektonischer Exzellenz, Panoramablick und harmonischer Beziehung zur Natur verkörpert diese Residenz den Reiz des Küstenlebens.

Implantée sur un terrain de forme triangulaire offrant une vue dégagée sur la réserve aquatique de Boca Ciega Bay, cette résidence a été conçue pour un couple cherchant une maison qui perdurerait pendant des générations. En tenant compte attentivement de l'emplacement unique et de la complexité du site, l'équipe de conception a créé habilement un havre qui intègre la beauté de la nature à l'excellence architecturale. La maison émerge gracieusement sous la forme d'une série d'escaliers menant à l'espace de vie principal, réduisant les frontières entre l'intérieur et l'extérieur et créant une atmosphère ouverte et aérée. Les terrasses accessibles entourent les premier, deuxième et dernier niveaux, offrant aux résidents le luxe de vues panoramiques depuis chaque point de la maison. Le niveau de base de la maison a été ingénieusement conçu pour accueillir les niveaux d'eau potentiels, conformément aux exigences de la zone inondable. Grâce à son intégration magistrale de l'excellence architecturale, des vues panoramiques et d'une relation harmonieuse avec la nature, cette résidence incarne le charme de la vie côtière.

Situada en una parcela triangular con vistas despejadas a la Reserva Acuática de la Bahía de Boca Ciega, esta residencia fue diseñada por una pareja que buscaba una casa que perdurara durante generaciones. Con una cuidadosa consideración de la ubicación única y la complejidad del sitio, el equipo de diseño magistralmente creado un refugio que integra la belleza de la naturaleza con la excelencia arquitectónica. La casa emerge con elegancia como una serie de escaleras que conducen a la sala de estar principal, minimizando los límites entre el interior y el exterior y creando un ambiente abierto y aireado. Las terrazas exteriores rodean la primera, segunda y última planta, permitiendo a los residentes disfrutar de vistas panorámicas desde cualquier punto de la casa. El nivel de base de la casa se ha diseñado ingeniosamente para adaptarse a los posibles niveles de agua, siguiendo los requisitos de las zonas inundables. Con su magistral integración de excelencia arquitectónica, vistas panorámicas y una armoniosa relación con la naturaleza, esta residencia encapsula el encanto de la vida costera.

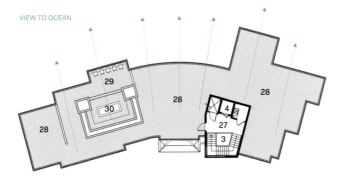

Roof plan

Upper level floor plan

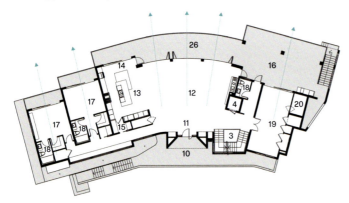

Main level floor plan

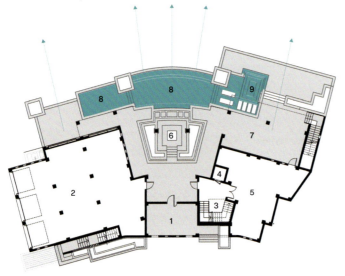

Ground floor plan

1. Entry
2. Garage
3. Staircase
4. Elevator
5. Storage
6. Sunken firepit
7. Pool lanai
8. Pool
9. Whirlpool
10. Front porch
11. Foyer
12. Great room
13. Kitchen
14. Breakfast nook
15. Pantry
16. Covered terrace
17. Bedroom
18. Bathroom
19. Exercise room
20. Sauna
21. Loft
22. Laundry room
23. Primary bedroom
24. Primary bathroom
25. Primary closet
26. Balcony
27. Rooftop entry
28. Rooftop terrace
29. Overlook bar
30. Firepit platform

BOCA CIEGA BAY AQUATIC PRESERVE

EZEQUIEL FARCA STUDIO

Ezequiel Farca Studio is a design studio focused on creating holistic spaces through an intricate approach to each part of a whole. Established in 1995, the studio specializes in product design, interior design, and architecture. From yacht design to hospitality and residential spaces, the studio simultaneously explores all scales and functions to ensure users enjoy a coherent, integrated, and effortlessly inhabitable spatial experience. Ezequiel Farca Studio employs a palette of natural materials that is timeless and universal, drawing inspiration from the Mexican cultural heritage and collaborating with traditional artisans. Comfort and warmth are present in each of the projects the studio designs. Notable projects include a lifestyle theater complex in San Diego, a Mezcal bar located in a landmark building in Oaxaca, a luxury yacht for Benetti, and over eighty residential and commercial projects to date.

Ezequiel Farca Studio ist ein Designstudio, das sich darauf konzentriert, ganzheitliche Räume durch einen komplexen Ansatz für jeden Teil eines Ganzen zu schaffen. Das Studio wurde 1995 gegründet und ist auf Produktdesign, Innenarchitektur und Architektur spezialisiert. Vom Yachtdesign über Gastgewerbe- und Wohnräume erkundet das Studio gleichzeitig alle Maßstäbe und Funktionen, um sicherzustellen, dass die Benutzer eine kohärente, integrierte und mühelos bewohnbare räumliche Erfahrung genießen. Ezequiel Farca Studio verwendet eine Palette natürlicher Materialien, die zeitlos und universell ist und sich von der mexikanischen Kultur inspirieren lässt und mit traditionellen Handwerkern zusammenarbeitet. Komfort und Wärme sind in jedem Projekt, das das Studio entwirft, vorhanden. Zu den bemerkenswerten Projekten gehören ein Lifestyle-Theaterkomplex in San Diego, eine Mezcal-Bar in einem denkmalgeschützten Gebäude in Oaxaca, eine Luxusyacht für Benetti sowie über achtzig Wohn- und Gewerbeobjekte bis heute.

Ezequiel Farca Studio est un studio de design axé sur la création d'espaces holistiques par une approche complexe de chaque partie d'un tout. Fondé en 1995, le studio est spécialisé dans la conception de produits, la conception d'intérieur et l'architecture. Des yachts à l'hôtellerie en passant par les espaces résidentiels, le studio explore simultanément toutes les échelles et fonctions pour garantir aux utilisateurs une expérience spatiale cohérente, intégrée et facilement habitable. Ezequiel Farca Studio utilise une palette de matériaux naturels intemporels et universels, s'inspirant du patrimoine culturel mexicain et collaborant avec des artisans traditionnels. Le confort et la chaleur sont présents dans chacun des projets conçus par le studio. Les projets notables incluent un complexe de théâtre de style de vie à San Diego, un bar à Mezcal situé dans un bâtiment emblématique à Oaxaca, un yacht de luxe pour Benetti, ainsi que plus de quatre-vingts projets résidentiels et commerciaux à ce jour.

Ezequiel Farca Studio es un estudio de diseño centrado en la creación de espacios globales a través de un enfoque intrincado de cada parte de un todo. Fundado en 1995, el estudio se especializa en diseño de productos, diseño de interiores y arquitectura. Desde el diseño de yates hasta espacios residenciales y de hostelería, el estudio explora simultáneamente todas las escalas y funciones para garantizar que los usuarios disfruten de una experiencia espacial coherente, integrada y habitable sin esfuerzo. Ezequiel Farca Studio emplea una paleta de materiales naturales atemporal y universal, inspirándose en el patrimonio cultural mexicano y colaborando con artesanos tradicionales. El confort y la calidez están presentes en cada uno de los proyectos que diseña el estudio. Entre sus proyectos más destacados se encuentran un complejo de teatros en San Diego, un bar de mezcal situado en un edificio emblemático de Oaxaca, un yate de lujo para Benetti y más de ochenta proyectos residenciales y comerciales hasta la fecha.

IMA HOUSE

Architecture and Design Team: Ezequiel Farca, Alonso Pérez, Fernanda Rodríguez, Chrisitian Grapan, Víctor Lima, Viridiana Quintana, Miguel Piña, Paola Castañedo, and Germán Lomelí

Photographer: © Jaime Navarro and Fernando Marroquín

VALLARTA HOUSE

Architect: Ezequiel Farca
Project team collaborator: Victor Lima
Interior Design: Fernanda de la Mora, Angelique Bidett
Photographer: © Roland Halbe and Jaime Navarro

ezequielfarca.com   ezequielfarcastudio

IMA HOUSE

San Jose del Cabo, Baja California Sur, Mexico // Lot area: 26,257 sq ft; building area: 33,131 sq ft

This two-story house is on an elongated site with unparalleled ocean views. Its design and configuration make the most of this setting, opening the interior to the exterior through a series of courtyards articulated by conspicuous concrete walls. Access to the house is through a courtyard minimally landscaped with a reflective pool, which creates a serene atmosphere and invites contemplation. A northeast-southwest axis connects the front and back of the house in a succession of spaces—rooms and courtyards—that become increasingly open as we reach the rear terrace with a pool overlooking the ocean. Deep overhangs for shading protect the lower floor's terrace from direct sunlight. On the second floor, they serve as private terraces, one of which has a fire pit and whirlpool off the main bedroom. The pool's water merging with the ocean and sky makes for the ultimate relaxation experience.

Dieses zweistöckige Haus befindet sich auf einem länglichen Grundstück mit unvergleichlichem Blick auf das Meer. Das Design und die Konfiguration nutzen diese Lage optimal aus, indem sie das Innere durch eine Reihe von Höfen öffnen, die von auffälligen Betonwänden geschaffen werden. Der Zugang zum Haus erfolgt über einen Hof, der minimalistisch angelegt ist und einen reflektierenden Pool enthält, der eine ruhige Atmosphäre schafft und zur Kontemplation einlädt. Eine Nordost-Südwest-Achse verbindet die Vorder- und Rückseite des Hauses in einer Abfolge von Räumen und Höfen, die sich zunehmend öffnen, bis wir die hintere Terrasse mit einem Pool mit Blick auf das Meer erreichen. Tiefe Überhänge bieten Schutz vor direktem Sonnenlicht auf der Terrasse des unteren Stocks. Im zweiten Stock dienen sie als private Terrassen, von denen eine einen Feuerplatz und einen Whirlpool neben dem Hauptschlafzimmer hat. Das Wasser des Pools, das sich mit dem Meer und dem Himmel vermischt, schafft ein ultimatives Entspannungserlebnis.

Cette maison à deux étages est située sur un site allongé avec une vue imprenable sur l'océan. Sa conception et sa configuration tirent le meilleur parti de ce cadre en ouvrant l'intérieur sur l'extérieur grâce à une série de cours intérieures articulées par des murs de béton apparent. L'accès à la maison se fait par une cour minimaliste aménagée avec une piscine réfléchissante, créant une atmosphère sereine et invitant à la contemplation. Un axe nord-est-sud-ouest relie l'avant et l'arrière de la maison dans une succession d'espaces — chambres et cours — de plus en plus ouverts à mesure que nous atteignons la terrasse arrière avec une piscine surplombant l'océan. Les avant-toits profonds pour l'ombrage protègent la terrasse du rez-de-chaussée contre la lumière solaire directe. Au deuxième étage, ils servent de terrasses privées, dont l'une est équipée d'un foyer et d'un spa attenants à la chambre principale. L'eau de la piscine fusionnant avec l'océan et le ciel crée une expérience de relaxation ultime.

Esta casa de dos plantas se encuentra en un solar alargado con vistas incomparables al océano. Su diseño y configuración aprovechan al máximo este entorno, abriendo el interior al exterior a través de una serie de patios articulados por llamativos muros de hormigón. El acceso a la casa se realiza a través de un patio mínimamente ajardinado con un estanque reflectante, que crea una atmósfera serena e invita a la contemplación. Un eje noreste-suroeste conecta la parte delantera y trasera de la casa en una sucesión de espacios —habitaciones y patios— que se van abriendo cada vez más a medida que llegamos a la terraza trasera con una piscina con vistas al océano. Profundos voladizos para dar sombra protegen la terraza de la planta baja de la luz solar directa. En la segunda planta, sirven como terrazas privadas, una de las cuales tiene una hoguera y una bañera de hidromasaje junto al dormitorio principal. El agua de la piscina se funde con el océano y el cielo para ofrecer la mejor experiencia de relajación.

Section A-A

Second floor plan

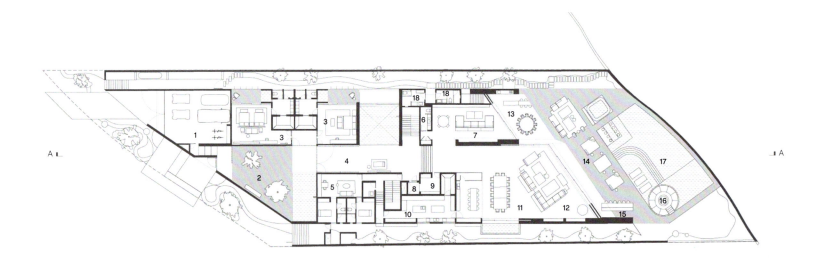

Ground floor plan

1. Garage
2. Entry courtyard
3. Guest bedroom
4. Entry foyer
5. Staff's quarters
6. Powder room
7. Family room
8. Elevator
9. Mechanical room
10. Kitchen
11. Dining area
12. Living area
13. Outdoor dining
14. Outdoor lounge
15. Outdoor bar
16. Sitting area with fire pit
17. Pool
18. Outdoor bathroom
19. Bedroom
20. Massage room
21. Laundry room
22. Exercise room
23. Office
24. Primary bedroom

VALLARTA HOUSE

Puerto Vallarta, Jalisco, Mexico // Lot area: 25,592 sq ft; building area: 32,292 sq ft

The design for Vallarta House brings the unique landscape of the Pacific Bay into the residence without compromising the occupants' privacy. Located near Puerto Vallarta's Marina, the design combines contemporary architecture and elements from the 50s, drawing inspiration from California's beach home style. The colors and textures of this two-story home evoke the comfort and freshness of these homes, while wooden furniture and vintage accessories add an element of timeless elegance. Natural stone and concrete walls combine with vertical and rooftop gardens to keep the house cool, optimizing energy use. These natural elements also facilitate the integration of the house into the landscape while adding a unique visual appeal. The spacious indoor spaces expand to generous terraces with ocean views through floor-to-ceiling glass sliding doors. With minimal indoor-outdoor boundaries, the home is a comfortable living environment that is as suitable for family time as for entertaining guests.

Das Design des Vallarta House bringt die einzigartige Landschaft der Pazifikbucht in die Residenz, ohne die Privatsphäre der Bewohner zu beeinträchtigen. In der Nähe der Marina von Puerto Vallarta gelegen, kombiniert das Design zeitgenössische Architektur und Elemente aus den 1950er Jahren und lässt sich von den Strandhäusern Kaliforniens inspirieren. Die Farben und Texturen dieses zweistöckigen Hauses erinnern an den Komfort und die Frische dieser Häuser, während Holzmöbel und Vintage-Accessoires eine zeitlose Eleganz vermitteln. Natürlicher Stein und Betonwände kombinieren sich mit vertikalen und Dachgärten, um das Haus kühl zu halten und den Energieverbrauch zu optimieren. Diese natürlichen Elemente erleichtern auch die Integration des Hauses in die Landschaft und verleihen ihm eine einzigartige visuelle Attraktivität. Die geräumigen Innenräume erweitern sich durch bodentiefe Glasschiebetüren zu großzügigen Terrassen mit Blick auf das Meer. Mit minimalen Innen-Außen-Grenzen bietet das Zuhause eine komfortable Lebensumgebung, die gleichermaßen für die Familienzeit als auch für die Unterhaltung von Gästen geeignet ist.

La conception de la Maison Vallarta intègre le paysage unique de la baie du Pacifique dans la résidence sans compromettre l'intimité des occupants. Située près de la marina de Puerto Vallarta, la conception combine l'architecture contemporaine et des éléments des années 50, s'inspirant du style des maisons de plage de la Californie. Les couleurs et les textures de cette maison à deux étages évoquent le confort et la fraîcheur de ces maisons, tandis que les meubles en bois et les accessoires vintage ajoutent une touche d'élégance intemporelle. Les murs en pierre naturelle et en béton se combinent avec des jardins verticaux et sur le toit pour maintenir la maison au frais et optimiser l'utilisation de l'énergie. Ces éléments naturels facilitent également l'intégration de la maison dans le paysage tout en ajoutant un attrait visuel unique. Les espaces intérieurs spacieux s'étendent sur des généreuses terrasses avec vue sur l'océan grâce à des portes coulissantes en verre du sol au plafond. Avec des limites intérieures-extérieures minimales, la maison est un environnement de vie confortable adapté aussi bien aux moments en famille qu'à la réception de convives.

El diseño de Vallarta House traslada el paisaje único de la bahía del Pacífico a la residencia sin comprometer la intimidad de los ocupantes. Situada cerca del puerto deportivo de Puerto Vallarta, el diseño combina arquitectura contemporánea y elementos de los años 50, inspirándose en el estilo de las casas de playa de California. Los colores y texturas de esta casa de dos plantas evocan la comodidad y frescura de estos hogares, mientras que los muebles de madera y los accesorios vintage añaden un elemento de elegancia atemporal. La piedra natural y los muros de hormigón se combinan con jardines verticales y en el tejado para mantener la casa fresca, optimizando el uso de la energía. Estos elementos naturales también facilitan la integración de la casa en el paisaje al tiempo que añaden un atractivo visual único. Los amplios espacios interiores se extienden a generosas terrazas con vistas al océano a través de puertas correderas de cristal que van del suelo al techo. Con unos límites mínimos entre el interior y el exterior, la casa es un entorno confortable que resulta tan adecuado para pasar tiempo en familia como para recibir invitados.

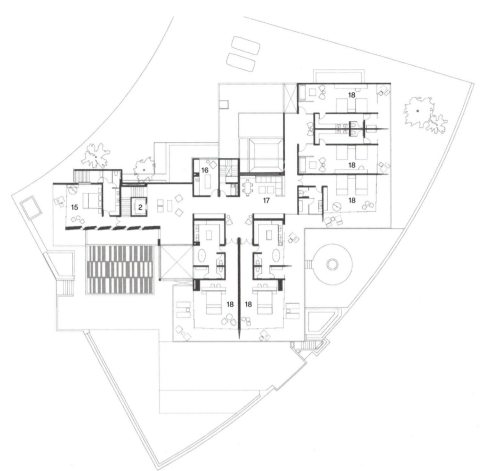

Upper floor plan

Study scale models

Lower floor plan

1. Entry foyer
2. Elevator
3. Home theater
4. Dining area
5. Living area
6. Outdoor dining, bar, and lounge
7. Pool terrace
8. Pool
9. Sitting area around fire pit
10. Kitchen
11. Laundry room
12. Staff's quarters
13. Exercise room
14. Guest suite
15. Primary bedroom
16. Massage room
17. Family room
18. Bedroom

ROBERT NEBOLON ARCHITECTS

Robert Nebolon Architects (RNA) demonstrate a commitment to innovative design, sustainable practices, and the harmonious integration of structures within their environments. Based in San Francisco Bay Area, California, they create modern custom homes that embrace contemporary aesthetics while prioritizing functionality and environmental considerations. Constraints are viewed as opportunities for clever and memorable designs that inspire and captivate the mind. With their deep understanding of the local context and a passion for sustainable practices, RNA has established itself as a leading architectural firm in California, reshaping the urban landscape and enriching communities through their exceptional designs.

Robert Nebolon Architects (RNA) zeigen ein Engagement für innovative Gestaltung, nachhaltige Praktiken und die harmonische Integration von Strukturen in ihre Umgebung. Mit Sitz in der San Francisco Bay Area, Kalifornien, entwerfen sie moderne maßgeschneiderte Häuser, die zeitgenössische Ästhetik mit Funktionalität und Umweltüberlegungen verbinden. Einschränkungen werden als Möglichkeiten für clevere und unvergessliche Designs betrachtet, die den Geist inspirieren und fesseln. Mit ihrem tiefen Verständnis für den lokalen Kontext und ihrer Leidenschaft für nachhaltige Praktiken hat sich RNA als führendes Architekturbüro in Kalifornien etabliert und durch außergewöhnliche Designs die städtische Landschaft verändert und Gemeinden bereichert.

Robert Nebolon Architects (RNA) démontre un engagement envers la conception innovante, les pratiques durables et l'intégration harmonieuse des structures dans leur environnement. Basé dans la région de la baie de San Francisco, en Californie, ils créent des maisons personnalisées modernes qui adoptent une esthétique contemporaine tout en privilégiant la fonctionnalité et les considérations environnementales. Les contraintes sont perçues comme des occasions pour des conceptions intelligentes et mémorables qui inspirent et captivent l'esprit. Grâce à leur compréhension profonde du contexte local et à leur passion pour les pratiques durables, RNA s'est imposé comme un cabinet d'architecture de premier plan en Californie, remodelant le paysage urbain et enrichissant les communautés grâce à leurs conceptions exceptionnelles.

Robert Nebolon Architects (RNA) demuestra su compromiso con el diseño innovador, las prácticas sostenibles y la integración armoniosa de las estructuras en su entorno. Con sede en el Área de la Bahía de San Francisco, California, crean casas modernas a medida que adoptan la estética contemporánea, al tiempo que priorizan la funcionalidad y las consideraciones medioambientales. Las limitaciones se ven como oportunidades para diseños inteligentes y memorables que inspiran y cautivan la mente. Gracias a su profundo conocimiento del contexto local y a su pasión por las prácticas sostenibles, RNA se ha consolidado como uno de los principales estudios de arquitectura de California, remodelando el paisaje urbano y enriqueciendo a las comunidades a través de sus excepcionales diseños.

SAN FRANCISCO LAGOON HOUSE

Architect: Robert Nebolon Architects
Architect team: Marc Newman
Interior Designer: Lan Jaenicke
Structural Engineer: Arnold Engineering
Builder: Hong Construction
Photographer: © Robert Nebolon Architects

SAN FRANCISCO PIER HOUSE

Architect: Robert Nebolon Architects
Architect team: Andy Miller, Anita Bakshi, Sarah Deeds
Interior Designer: Owner, Robert Nebolon Architects
Structural Engineer: WB Clausen Engineers
Builder: Young & Burton Construction
Photographer: © David Duncan Livingston

RNarchitect.com   robertnebolon

SAN FRANCISCO LAGOON HOUSE

San Francisco, California, United States // Lot area: 16,117 sq ft; building area: 3,744 sq ft

The Lagoon House is located in a unique waterside community on the San Francisco Bay. The symmetry and positioning facing the lagoon suggest a civic gesture that brings to mind a Greek temple. The design intent was for the house to become a focal point when viewed from neighboring houses or boats. It sits on a raised terrace, the perfect perch with the best waterfront views. The building parts have differing angles and roofs purposely reminiscent of the owner's seaside hometown in China. The site fans out to a broad rear facade, where the house is canted slightly to face across the lagoon at its widest point, recreating similar distant views found at that seaside hometown. Extensive red cedar trellises suspended under white-painted rectangular steel tube beams protect the home from direct sunlight. The minimalistic white interiors allow the water views to be the main focus. Ceilings are painted with a high-gloss lacquer to reflect the daylight bouncing off the water and give the interiors a luminous character.

Das Lagoon House befindet sich in einer einzigartigen Wassergemeinschaft an der San Francisco Bay. Die Symmetrie und die Ausrichtung zum Lagunenraum lassen an einen griechischen Tempel denken. Die Gestaltungsidee war, dass das Haus von benachbarten Häusern oder Booten aus zu einem Blickfang wird. Es steht auf einer erhöhten Terrasse, dem perfekten Aussichtspunkt mit den besten Blick auf das Wasser. Die Gebäudeteile haben unterschiedliche Winkel und Dächer, die absichtlich an die Heimatstadt des Besitzers an der Küste Chinas erinnern. Das Gelände erstreckt sich zu einer breiten Rückseite, wo das Haus leicht geneigt ist, um den Blick über die Lagune an ihrer breitesten Stelle zu ermöglichen, ähnlich den fernen Ausblicken, die in der Heimatstadt am Meer zu finden sind. Umfangreiche rote Zedern-Trellisen, die unter weiß gestrichenen rechteckigen Stahlrohrbalken hängen, schützen das Haus vor direktem Sonnenlicht. Die minimalistischen weißen Innenräume lenken den Blick auf das Wasser. Die Decken sind mit einem hochglänzenden Lack gestrichen, um das Tageslicht, das vom Wasser reflektiert wird, widerzuspiegeln und den Innenräumen einen leuchtenden Charakter zu verleihen.

La Lagoon House est située dans une communauté unique en bord de mer de la baie de San Francisco. La symétrie et la position face à la lagune suggèrent un geste civique qui évoque un temple grec. L'intention de conception était que la maison devienne un point focal lorsqu'elle est vue depuis les maisons voisines ou les bateaux. Elle est située sur une terrasse surélevée, la perchée parfaite avec les meilleures vues sur l'eau. Les parties du bâtiment ont des angles et des toits différents rappelant délibérément la ville natale en bord de mer du propriétaire en Chine. Le site s'ouvre sur une large façade arrière, où la maison est légèrement inclinée pour faire face à travers la lagune à son point le plus large, recréant des vues lointaines similaires à celles de cette ville natale en bord de mer. Des treillis étendus en cèdre rouge suspendus sous des poutres en tube d'acier rectangulaires peintes en blanc protègent la maison de la lumière directe du soleil. Les intérieurs minimalistes en blanc permettent aux vues sur l'eau d'être au premier plan. Les plafonds sont peints avec un laque ultra-brillant pour refléter la lumière du jour rebondissant sur l'eau et donner aux intérieurs un caractère lumineux.

La Lagoon House está situada en una comunidad única junto al agua en la bahía de San Francisco. La simetría y la posición frente a la laguna sugieren un gesto cívico que recuerda a un templo griego. La intención del diseño era que la casa se convirtiera en un punto focal desde las casas vecinas o los barcos. Se asienta sobre una terraza elevada, la percha perfecta con las mejores vistas de la orilla. Las partes del edificio tienen ángulos y tejados diferentes que recuerdan a propósito a la ciudad natal del propietario en China. El terreno se abre en abanico hacia una amplia fachada trasera, donde la casa se inclina ligeramente hacia el otro lado de la laguna en su punto más ancho, recreando vistas lejanas similares a las de la ciudad natal del propietario. Extensas celosías de cedro rojo suspendidas bajo vigas rectangulares de tubo de acero pintadas de blanco protegen la casa de la luz solar directa. Los minimalistas interiores blancos permiten que las vistas al agua sean el centro de atención. Los techos están pintados con una laca de alto brillo para reflejar la luz del día que rebota en el agua y dar a los interiores un carácter luminoso.

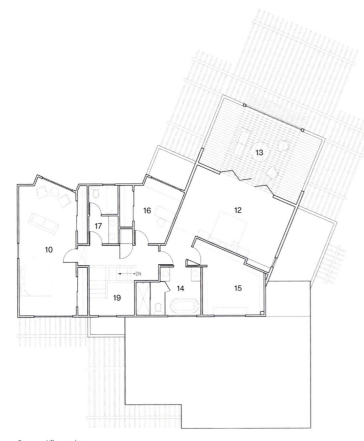

Second floor plan

Ground floor plan

Drone view of the lagoon and house

Reference image of the owner's seaside hometown in China

1. Entrance hall
2. Living area
3. Dining area
4. Kitchen
5. Kitchen terrace
6. Family room
7. Family room terrace
8. Movie room
9. Laundry room
10. Bedroom
11. Garage
12. Primary bedroom
13. Primary bedroom terrace
14. Primary bathroom
15. Primary closet
16. Office
17. Bathroom
18. Storage
19. Open to below

SAN FRANCISCO PIER HOUSE

San Francisco, California, United States // Lot area: 11,150 sq ft; building area: 6,975 sq ft

This elegant modern home captures the magic of living in the San Francisco Bay Area. The house, constructed on concrete piers over the water, gently suggests ship hulls and sea shells. From the street, it offers no indication as to the spectacular views of the bay. Once inside, the entire house dissolves into glass, framing views of Downtown San Francisco, the Golden Gate Bridge, the water, and all the ship traffic. The double-height living room and mezzanine open up through stacked sliding glass doors to an expansive deck, balcony, and a marine-grade floating dock, which provides a berth for the owner's boats and small watercraft. The verdigris patina of the corrugated copper siding, rough-sawn, stained cedar, and powder-coated aluminum trellises give the house a unique character but, most importantly, extend its longevity in the marine environment. Stainless steel railings and mahogany cabinetry are reminiscent of luxury yacht design, while windows are rated to withstand the hurricane-force winds that often develop from the south.

Dieses elegante moderne Haus fängt die Magie des Lebens in der San Francisco Bay Area ein. Das Haus, das auf Betonpfeilern über dem Wasser errichtet wurde, erinnert sanft an Schiffsrümpfe und Muscheln. Von der Straße aus gibt es keine Anzeichen für die spektakulären Aussichten auf die Bucht. Einmal drinnen, löst sich das gesamte Haus in Glas auf und bietet Ausblicke auf das Stadtzentrum von San Francisco, die Golden Gate Bridge, das Wasser und den gesamten Schiffsverkehr. Das zweigeschossige Wohnzimmer und die Empore öffnen sich durch gestapelte Schiebetüren aus Glas zu einer weitläufigen Terrasse, einem Balkon und einem schwimmenden Dock aus marinem Stahl, das einen Liegeplatz für die Boote und kleine Wassersportgeräte des Besitzers bietet. Die Patina aus Grünspan auf den Wellblechwänden, rau gesägter, gefärbter Zeder und pulverbeschichteten Aluminium-Trellisen verleiht dem Haus einen einzigartigen Charakter, der vor allem seine Lebensdauer in der Meeresumgebung verlängert. Edelstahlgeländer und Mahagoni-Schranken erinnern an das Design von Luxusyachten, während die Fenster so ausgelegt sind, dass sie den orkanartigen Winden standhalten können, die sich oft aus südlicher Richtung entwickeln.

Cette élégante maison moderne capture la magie de vivre dans la région de la baie de San Francisco. La maison, construite sur des piliers en béton au-dessus de l'eau, suggère doucement les coques de navires et les coquillages. De la rue, elle ne laisse aucune indication quant aux vues spectaculaires sur la baie. Une fois à l'intérieur, la maison entière se fond dans le verre, encadrant les vues du centre-ville de San Francisco, du pont du Golden Gate, de l'eau et de tout le trafic maritime. Le salon à double hauteur et la mezzanine s'ouvrent grâce à des portes coulissantes empilées en verre sur un vaste pont, un balcon et un quai flottant de qualité marine, qui offre un poste d'amarrage pour les bateaux du propriétaire et les petites embarcations. La patine vert-de-gris du revêtement en cuivre ondulé, du cèdre brut teinté et des treillis en aluminium thermolaqué confère à la maison un caractère unique, mais surtout, prolonge sa durabilité dans l'environnement marin. Les rampes en acier inoxydable et les armoires en acajou rappellent la conception des yachts de luxe, tandis que les fenêtres sont conçues pour résister aux vents d'ouragan qui se développent souvent du sud.

Esta elegante casa moderna captura la magia de vivir en la bahía de San Francisco. La casa, construida sobre pilares de hormigón sobre el agua, sugiere suavemente cascos de barco y conchas marinas. Desde la calle, no ofrece ningún indicio de las espectaculares vistas de la bahía. Una vez dentro, toda la casa se disuelve en cristal, enmarcando las vistas del centro de San Francisco, el puente Golden Gate, el agua y todo el tráfico de barcos. La sala de estar de doble altura y el entresuelo se abren a través de puertas correderas de cristal apiladas a una amplia cubierta, un balcón y un muelle flotante de calidad marina, que proporciona un atracadero para las embarcaciones y pequeñas motos acuáticas del propietario. La pátina verdigris del revestimiento de cobre ondulado, el cedro teñido y desbastado y las celosías de aluminio con recubrimiento de polvo confieren a la casa un carácter único y, lo que es más importante, prolongan su longevidad en el entorno marino. Las barandillas de acero inoxidable y los armarios de caoba recuerdan el diseño de los yates de lujo, mientras que las ventanas están preparadas para resistir los vientos huracanados que suelen soplar del sur.

Second floor plan

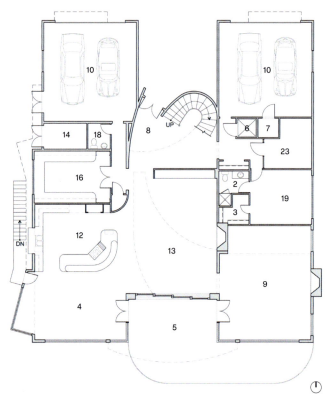

Ground floor plan

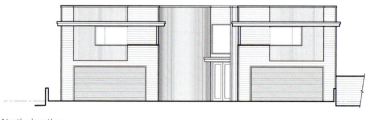

North elevation

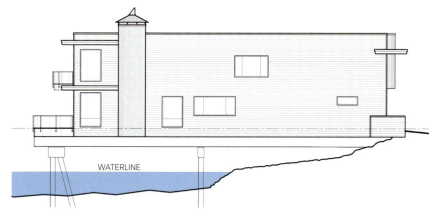

East elevation

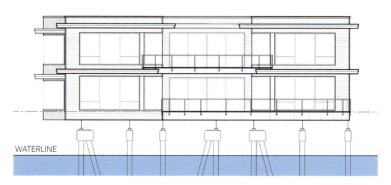

South elevation

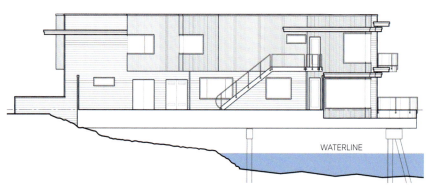

West elevation

1. Bedroom
2. Bathroom
3. Closet
4. Dining area
5. Deck
6. Elevator
7. Electrical room
8. Entry
9. Family room
10. Garage
11. Home theater
12. Kitchen
13. Living area
14. Mechanical room
15. Mezzanine
16. Office
17. Open to below
18. Powder room
19. Playroom
20. Primary bedroom
21. Primary bathroom
22. Utility room
23. Wine room

View of San Francisco, California, United States

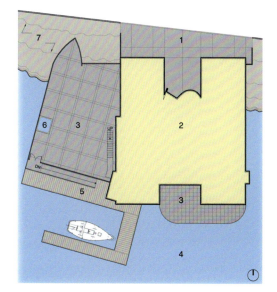

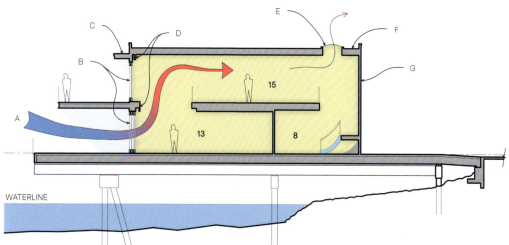

Sie plan

1. Driveway
2. House
3. Deck
4. Water
5. Dock
6. Small pool
7. Seawall rip-rap sloped

Sustainability diagram

A. Prevailing wind
B. Stacked large sliding doors with tinted glass
C. Trellis
D. Computer-operated window shades
E. Thermostatically operated skylight
F. White roofing
G. Durable exterior materials

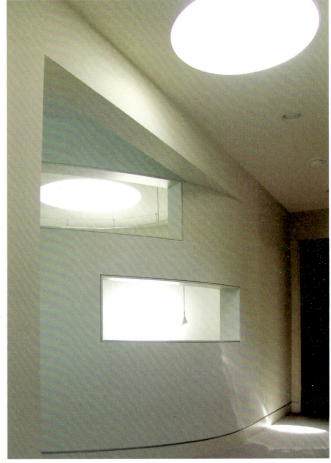

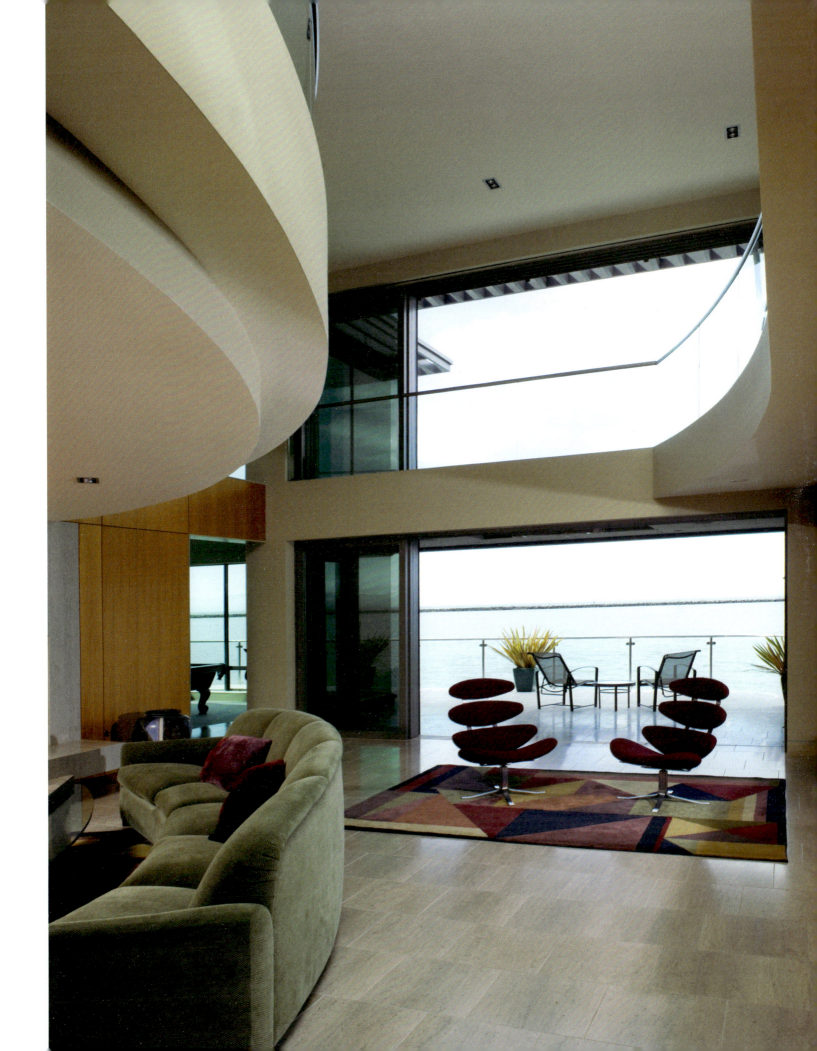

STUDIO ARQUITECTOS

Studio Arquitectos is a design and construction firm based in Tulum, Quintana Roo, Mexico, founded by Eduardo Garcia Figueroa in 2010. Their approach to architecture is aimed at promoting a dialogue between nature and the built environment with an understanding that design is a balance between aesthetics and functionality. The specifics of the site and the client's engagement through a collaborative process guide the development of each project. Deep knowledge of the region's landscape and culture has allowed them to improve the design process and construction methods. In 2016 the team evolved with a new generation of architects committed to the development of high-quality design strategies with social and environmental value. The incredible Mayan jungle and the Caribbean Sea are a continuous source of inspiration. The office is a space where each team member is a valuable asset and has the opportunity to grow professionally and personally.

Studio Arquitectos ist ein Design- und Bauunternehmen mit Sitz in Tulum, Quintana Roo, Mexiko, das 2010 von Eduardo Garcia Figueroa gegründet wurde. Ihr architektonischer Ansatz zielt darauf ab, einen Dialog zwischen der Natur und der gebauten Umwelt zu fördern, wobei das Design ein Gleichgewicht zwischen Ästhetik und Funktionalität darstellt. Die Besonderheiten des Standorts und das Engagement des Kunden in einem gemeinschaftlichen Prozess leiten die Entwicklung eines jeden Projekts. Die profunde Kenntnis der Landschaft und Kultur der Region hat es ihnen ermöglicht, den Entwurfsprozess und die Baumethoden zu verbessern. Im Jahr 2016 wurde das Team um eine neue Generation von Architekten erweitert, die sich der Entwicklung hochwertiger Designstrategien mit sozialem und ökologischem Wert verschrieben haben. Der unglaubliche Maya-Dschungel und das Karibische Meer sind eine ständige Quelle der Inspiration. Das Büro ist ein Ort, an dem jedes Teammitglied eine wertvolle Bereicherung darstellt und die Möglichkeit hat, sich beruflich und persönlich weiterzuentwickeln.

Studio Arquitectos est une entreprise de conception et de construction basée à Tulum, Quintana Roo, au Mexique, fondée par Eduardo Garcia Figueroa en 2010. Leur approche de l'architecture vise à promouvoir un dialogue entre la nature et l'environnement construit, en comprenant que le design est un équilibre entre esthétique et fonctionnalité. Les spécificités du site et l'engagement du client à travers un processus de collaboration guident le développement de chaque projet. Une connaissance approfondie du paysage et de la culture de la région leur a permis d'améliorer le processus de conception et les méthodes de construction. En 2016, l'équipe a évolué avec une nouvelle génération d'architectes engagés dans le développement de stratégies de design de haute qualité avec une valeur sociale et environnementale. La jungle maya incroyable et la mer des Caraïbes sont une source continue d'inspiration. Le bureau est un espace où chaque membre de l'équipe est un atout précieux et a l'opportunité de grandir professionnellement et personnellement.

Studio Arquitectos es una empresa de diseño y construcción con sede en Tulum, Quintana Roo, México, fundada por Eduardo García Figueroa en 2010. Su enfoque de la arquitectura está dirigido a promover un diálogo entre la naturaleza y el entorno construido con un entendimiento de que el diseño es un equilibrio entre la estética y la funcionalidad. Las características específicas del lugar y el compromiso del cliente a través de un proceso de colaboración guían el desarrollo de cada proyecto. El profundo conocimiento del paisaje y la cultura de la región les ha permitido mejorar el proceso de diseño y los métodos de construcción. En 2016 el equipo evolucionó con una nueva generación de arquitectos comprometidos con el desarrollo de estrategias de diseño de alta calidad con valor social y medioambiental. La increíble selva maya y el mar Caribe son una fuente continua de inspiración. La oficina es un espacio donde cada miembro del equipo es un activo valioso y tiene la oportunidad de crecer profesional y personalmente.

ALDEA KA'A TULUM

Architecture and Design Team: Eduardo Garcia, Jose Martin Amate, and Angel Cervantes/Studio Arquitectos

General Contractor: Studio Arquitectos/Ivan Guzman, Jose Alfredo Rodriguez, and Daniela Veron

Clients: Ceci Landa, Julio Alvarez, Juan Zahoul and Eduardo Garcia

Photographer: © Pablo García Figueroa

Awards:

III Biennial of Architecture of the Mexican Caribbean Category: Condominiums, Silver Medal, 2020.

AMARANTO HOUSE

Architecture and Design Team: Eduardo Garcia, Pablo Garcia, Miguel Angel Cervantes, Jose Martin Amate, Paulina Palestina, Jesus Castañeda and Margarita Lopez/Studio Arquitectos

General Contractor: Studio Arquitectos/Ivan Guzman, Miguel Nahuat, and Daniela Verón

Clients: Teresa Bustos and Horacio Bustos

Photographer: © Pablo García Figueroa

studioarqs.com studioarqs

ALDEA KA'A TULUM

Tulum, Quintana Roo, Mexico // Lot area: 9,396 sq ft; building area: 11,288 sq ft

Aldea Ka'a addresses the current housing situation in Tulum: the city is becoming increasingly popular as a tourist destination, and demand for accommodation is rising. Consequently, developers are more focused on the vacation rental market while neglecting housing for locals. Aware of the necessity for residential housing, Studio Arquitectos designed a four-unit apartment complex with thoughtful attention to design and architectural detailing to meet the needs of residents. A central path sheltered by a pergola and lined with native vegetation connects the four two-story units articulated by two courtyards. The various layers of vegetation enhance the indoor-outdoor connection while still providing privacy. The use of local materials — including polished *chukum* wood floors and walls, *tzalam* woodwork, and Mayan stone — and the contact with nature create a sense of community and highlight local identity.

Aldea Ka'a befasst sich mit der aktuellen Wohnsituation in Tulum: Die Stadt wird als Reiseziel immer beliebter, und die Nachfrage nach Unterkünften steigt. Infolgedessen konzentrieren sich die Bauträger mehr auf den Markt für Ferienunterkünfte und vernachlässigen den Wohnraum für Einheimische. Studio Arquitectos war sich der Notwendigkeit von Wohnraum bewusst und entwarf einen Apartmentkomplex mit vier Wohneinheiten, bei dem auf Design und architektonische Details geachtet wurde, um den Bedürfnissen der Bewohner gerecht zu werden. Ein zentraler, von einer Pergola geschützter und mit einheimischer Vegetation gesäumter Weg verbindet die vier zweistöckigen Einheiten, die durch zwei Innenhöfe gegliedert sind. Die verschiedenen Vegetationsschichten verbessern die Verbindung zwischen Innen- und Außenbereich und bieten gleichzeitig Privatsphäre. Die Verwendung lokaler Materialien - darunter polierte *Chukum*-Holzböden und -Wände, *Tzalam*-Holzarbeiten und Maya-Stein - und der Kontakt mit der Natur schaffen ein Gefühl der Gemeinschaft und unterstreichen die lokale Identität.

Aldea Ka'a répond à la situation actuelle du logement à Tulum : la ville devient de plus en plus populaire en tant que destination touristique, et la demande de logements augmente. Par conséquent, les promoteurs sont davantage axés sur le marché de la location de vacances au détriment du logement pour les habitants. Conscients de la nécessité de logements résidentiels, Studio Arquitectos a conçu un complexe d'appartements de quatre unités avec une attention particulière à la conception et aux détails architecturaux pour répondre aux besoins des résidents. Un chemin central, abrité par une pergola et bordé de végétation indigène, relie les quatre unités sur deux étages, articulées par deux cours intérieures. Les différentes couches de végétation renforcent la connexion intérieur-extérieur tout en assurant l'intimité. L'utilisation de matériaux locaux, notamment des planchers et des murs en bois *chukum* poli, des menuiseries en bois de *tzalam* et de la pierre maya, ainsi que le contact avec la nature, créent un sentiment de communauté et mettent en valeur l'identité locale.

Aldea Ka'a aborda la situación actual de la vivienda en Tulum: la ciudad es cada vez más popular como destino turístico y la demanda de alojamiento aumenta. En consecuencia, los promotores se centran más en el mercado de alquiler vacacional y descuidan la vivienda para los lugareños. Conscientes de la necesidad de viviendas residenciales, Studio Arquitectos diseñó un complejo de apartamentos de cuatro unidades con una cuidada atención al diseño y los detalles arquitectónicos para satisfacer las necesidades de los residentes. Un camino central protegido por una pérgola y bordeado de vegetación autóctona conecta las cuatro unidades de dos plantas articuladas por dos patios. Las distintas capas de vegetación mejoran la conexión entre el interior y el exterior al tiempo que proporcionan intimidad. El uso de materiales locales —como suelos y paredes de madera pulida de *chukum*, carpintería de *tzalam* y piedra maya— y el contacto con la naturaleza crean un sentimiento de comunidad y resaltan la identidad local.

Section B-B

Secion A-A

Ground floor plan Second floor plan Roof plan

1. Access gate 4. Kitchen/dining area
2. Courtyard   5. Living area
3. Pool   6. Bedroom

AMARANTO HOUSE

Tulum, Quintana Roo, Mexico // Lot area: 4,068 sq ft; building area: 4,983 sq ft

The residence was designed for a retired couple who lived in the city and wanted a new home surrounded by lush vegetation. The couple enjoys cooking, especially in the company of family and friends, so the house was planned to accommodate extended family members and friends. The design integrates architecture with nature highlighting the connection between interior and exterior spaces. A curvilinear wooden screen at the entry contrasts with the house's overall rectilinear design. It marks the transition between the natural world and the construction. Inside the house, the powerful bond between the building and the vegetation is striking. The rooftop, equipped with a kitchen and a whirlpool, makes the most of outdoor living. The selection of materials and finishes celebrates the textures and colors of the region. The deep red color, a reference to the haciendas found in the Yucatan peninsula, provides the house with character and local identity.

Das Haus wurde für ein Ehepaar im Ruhestand entworfen, das in der Stadt lebte und sich ein neues Zuhause inmitten einer üppigen Vegetation wünschte. Das Ehepaar kocht gerne, vor allem in Gesellschaft von Familie und Freunden, und so wurde das Haus so geplant, dass es Platz für weitere Familienmitglieder und Freunde bietet. Der Entwurf integriert die Architektur mit der Natur und betont die Verbindung zwischen Innen- und Außenräumen. Ein geschwungener hölzerner Sichtschutz am Eingang kontrastiert mit dem geradlinigen Gesamtdesign des Hauses. Er markiert den Übergang zwischen der natürlichen Welt und dem Bauwerk. Im Inneren des Hauses ist die starke Verbindung zwischen dem Gebäude und der Vegetation auffällig. Die Dachterrasse, die mit einer Küche und einem Whirlpool ausgestattet ist, bietet die Möglichkeit, im Freien zu leben. Bei der Auswahl der Materialien und der Oberflächengestaltung wurden die Texturen und Farben der Region berücksichtigt. Die tiefrote Farbe, eine Referenz an die Haciendas auf der Halbinsel Yucatan, verleiht dem Haus Charakter und lokale Identität.

La résidence a été conçue pour un couple de retraités vivant en ville et souhaitant une nouvelle maison entourée d'une végétation luxuriante. Le couple aime cuisiner, surtout en compagnie de leur famille et de leurs amis, c'est pourquoi la maison a été conçue pour accueillir les membres de la famille élargie et les amis. La conception intègre l'architecture à la nature en mettant en valeur la connexion entre les espaces intérieurs et extérieurs. Un écran de bois curviligne à l'entrée contraste avec la conception générale rectiligne de la maison. Il marque la transition entre le monde naturel et la construction. À l'intérieur de la maison, le lien puissant entre le bâtiment et la végétation est frappant. Le toit-terrasse, équipé d'une cuisine et d'un bain à remous, exploite au maximum la vie en extérieur. La sélection des matériaux et des finitions célèbre les textures et les couleurs de la région. La couleur rouge profond, en référence aux haciendas de la péninsule du Yucatan, confère à la maison un caractère et une identité locale.

La residencia se diseñó para una pareja de jubilados que vivía en la ciudad y quería un nuevo hogar rodeado de exuberante vegetación. A la pareja le gusta cocinar, sobre todo en compañía de familiares y amigos, por lo que la casa se planificó para acoger a familiares y amigos. El diseño integra la arquitectura con la naturaleza, resaltando la conexión entre los espacios interiores y exteriores. Una pantalla de madera curvilínea en la entrada contrasta con el diseño rectilíneo general de la casa. Marca la transición entre el mundo natural y la construcción. Dentro de la casa, llama la atención el fuerte vínculo entre el edificio y la vegetación. La azotea, equipada con una cocina y una bañera de hidromasaje, aprovecha al máximo la vida al aire libre. La selección de materiales y acabados celebra las texturas y colores de la región. El color rojo intenso, una referencia a las haciendas de la península de Yucatán, dota a la casa de carácter e identidad local.

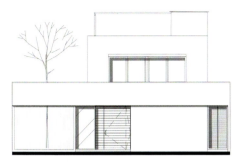

South elevation

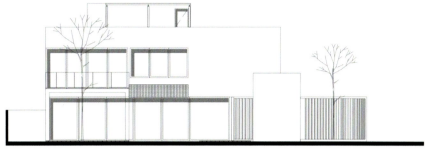

West elevation

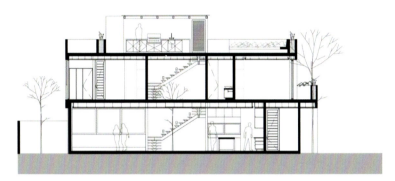

Section A-A

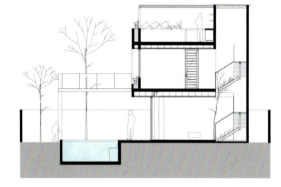

Section B-B

Ground floor plan

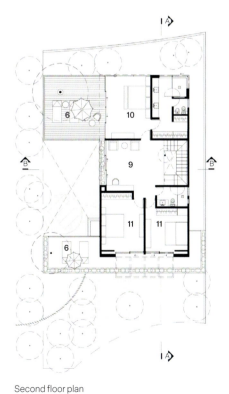

Second floor plan

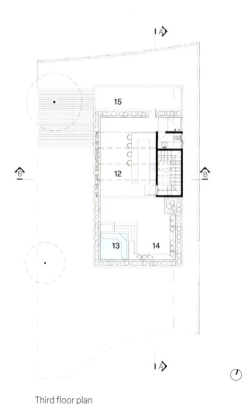

Third floor plan

1. Foyer
2. Laundry room
3. Kitchen
4. Dining area
5. Living area
6. Terrace
7. Pool
8. Pool deck
9. Reading room
10. Primary bedroom
11. Bedroom
12. Roof terrace
13. Plunge pool
14. Lounge
15. Services

SOW DESIGN STUDIO

Founded in 2008 and with offices in North and South America, SOW Design Studio provides personalized and hands-on service to its clients. Their adaptability and ability to grasp the social and economic nuances of each specific location ensure that every project is developed in harmony with its surroundings. SOW Design Studio boasts an impressive portfolio encompassing hospitality, mixed-use commercial developments, multi-family residential complexes, and single-family homes. The team at SOW Design Studio, led by its founders, Jose Lobo and Mauricio Villa, shares a deep passion for design. It is this passion that serves as their constant inspiration and propels them to push boundaries, surpass client expectations, and create spaces that improve the well-being of those who interact with them. By sowing the seeds of innovation and sustainability, SOW Design Studio strives to leave a lasting and positive impact on the architectural landscape.

SOW Design Studio wurde 2008 gegründet und verfügt über Niederlassungen in Nord- und Südamerika. Es bietet seinen Kunden persönlichen und praktischen Service. Ihre Anpassungsfähigkeit und Fähigkeit, die sozialen und wirtschaftlichen Besonderheiten jedes einzelnen Standorts zu erfassen, stellen sicher, dass jedes Projekt im Einklang mit seiner Umgebung entwickelt wird. SOW Design Studio verfügt über ein beeindruckendes Portfolio, das Gastgewerbe, Gewerbeimmobilien mit gemischter Nutzung, Mehrfamilienwohnkomplexe und Einfamilienhäuser umfasst. Das Team von SOW Design Studio unter der Leitung seiner Gründer Jose Lobo und Mauricio Villa teilt eine tiefe Leidenschaft für Design. Diese Leidenschaft dient ihnen als ständige Inspiration und treibt sie dazu an, Grenzen zu überschreiten, die Erwartungen der Kunden zu übertreffen und Räume zu schaffen, die das Wohlbefinden derjenigen verbessern, die mit ihnen interagieren. Durch die Aussaat der Saat für Innovation und Nachhaltigkeit ist SOW Design Studio bestrebt, einen dauerhaften und positiven Einfluss auf die Architekturlandschaft zu hinterlassen.

Fondé en 2008 et avec des bureaux en Amérique du Nord et du Sud, SOW Design Studio offre un service personnalisé et pratique à ses clients. Leur adaptabilité et leur capacité à saisir les nuances sociales et économiques de chaque lieu spécifique garantissent que chaque projet est développé en harmonie avec son environnement. SOW Design Studio dispose d'un portefeuille impressionnant englobant l'hôtellerie, les développements commerciaux à usage mixte, les complexes résidentiels multifamiliaux et les maisons unifamiliales. L'équipe de SOW Design Studio, dirigée par ses fondateurs, Jose Lobo et Mauricio Villa, partage une profonde passion pour le design. C'est cette passion qui leur sert d'inspiration constante et les emmène à repousser les limites, à dépasser les attentes des clients et à créer des espaces qui améliorent le bien-être de ceux qui interagissent avec eux. En semant les graines de l'innovation et de la durabilité, SOW Design Studio s'efforce de laisser un impact durable et positif sur le paysage architectural.

Fundado en 2008 y con oficinas en América del Norte y del Sur, SOW Design Studio brinda un servicio personalizado y práctico a sus clientes. Su adaptabilidad y capacidad para captar los matices sociales y económicos de cada lugar específico aseguran que cada proyecto se desarrolle en armonía con su entorno. SOW Design Studio cuenta con una cartera impresionante que abarca proyectos de hostelería, desarrollos comerciales de uso mixto, complejos residenciales multifamiliares y viviendas unifamiliares. El equipo de SOW Design Studio, liderado por sus fundadores, Jose Lobo y Mauricio Villa, comparte una profunda pasión por el diseño. Es esta pasión la que les sirve de inspiración constante y los impulsa a superar los límites, exceder las expectativas de los clientes y crear espacios que mejoren el bienestar de quienes interactúan con ellos. Al sembrar las semillas de la innovación y la sostenibilidad, SOW Design Studio se esfuerza por dejar un impacto duradero y positivo en el paisaje arquitectónico.

KENNEDY PARK RESIDENCE

Architecture and Design Team: Mauricio Villa and Jose Lobo, AIA (Lead Architects); Gabriela Sánchez, Viviana Hernández, and Danna Pabón (Architects); Cristian Zúñiga (Engineer)

Clients: MIAMIONE Real Estate / F&F MIAMI GROUP LLC

Structural Engineer: Luis de la Hoz/Tadeos Engineering

MEP Enginner: Sergio Vasquez & Eng. George Freijo/Fine Line Engineers

Landscape Architect: Herbert L. Martin/ H.L. Martin, Landscape Architect

General Contractor: David Billskoog, Jon Hoffman, Arath Roblero, and Limbanio Gonzalez/Hoffman Billskoog Construction

Photographer: © Libertad Rodriguez for PHL Photography

ROCKERMAN ROAD RESIDENCE

Architecture and Design Team: Mauricio Villa and Jose Lobo, AIA (Lead Architects); Alessandro Pupillo, Viviana Hernández, and Danna Pabón (Architects), Cristian Zúñiga (Engineer)

Project Manager - Real Estate: Maureen Mascaro/The Common Area

Interior Designers: Bianca Notari and Tatiana Magalhães

Civil Engineer: Jorge M. Szauer/Szauer Engineering

Structural Engineer: Javier Cañizares P.E./JCA Engineers

MEP Enginner: Hector Blasco/HMB Engineering Services

Landscape Architect: Andrés Montero

General Contractor: David Billskoog, Fabricio Melaragni, and Limbanio Gonzalez/Hoffman Billskoog Construction

Photographer: © Libertad Rodriguez for PHL Photography

sowdesign.com   sowdesignstudio

KENNEDY PARK RESIDENCE

Miami, Florida, United States // Lot area: 4,572 sq ft; building area: 5,488 sq ft

Located across the street from the picturesque Kennedy Park in Coconut Grove, this modern house blends with its surroundings while offering a sleek and unique design. The site's location within a hazardous flood zone required that the main level be raised to a safe height of ten feet from the ground. The primary design goal was to diminish the perceived massiveness of the three-story house and seamlessly integrate it within the mature trees that grace the site. By carefully designing the volumes, we achieved a composition that respects and accentuates the natural environment, blurring the boundaries between the interior and exterior spaces. The architectural language we adopted for the Kennedy Park Residence is characterized by clarity in construction, honesty in detailing, and functional geometry. The house's identity emerges from its volumetric qualities, allowing for dramatic and dynamic cantilevers that draw attention to the breathtaking sea views and the serene park setting.

Dieses moderne Haus liegt gegenüber dem malerischen Kennedy Park in Coconut Grove und fügt sich harmonisch in die Umgebung ein und bietet gleichzeitig ein elegantes und einzigartiges Design. Aufgrund der Lage des Standorts innerhalb einer gefährlichen Überschwemmungszone musste die Hauptebene auf eine sichere Höhe von zehn Fuß über dem Boden angehoben werden. Das Hauptziel des Entwurfs bestand darin, die wahrgenommene Massivität des dreistöckigen Hauses zu verringern und es nahtlos in die nahtlos in den alten Baumbestand auf dem Grundstück zu integrieren. Durch die sorgfältige Gestaltung der Volumen erreichten wir eine Komposition, die die natürliche Umgebung respektiert und akzentuiert und die Grenzen zwischen Innen- und Außenraum verwischt. Die architektonische Sprache, die wir für die Kennedy Park Residence gewählt haben, zeichnet sich durch Klarheit in der Konstruktion, Ehrlichkeit im Detail und funktionale Geometrie aus. Die Identität des Hauses ergibt sich aus seinen volumetrischen Qualitäten, die dramatische und dynamische Auskragungen ermöglichen, die die Aufmerksamkeit auf den atemberaubenden Meerblick und die ruhige Parklandschaft lenken.

Située en face du pittoresque parc Kennedy à Coconut Grove, cette maison moderne se fond dans son environnement tout en offrant un design épuré et unique. L'emplacement du site dans une zone inondable dangereuse a nécessité que le niveau principal soit surélevé à une hauteur de dix pieds par rapport au sol. L'objectif principal de la conception était de réduire la masse perçue de la maison de trois étages et de l'intégrer en douceur dans les arbres matures qui ornent le site. En concevant soigneusement les volumes, nous avons atteint une composition qui respecte et met en valeur l'environnement naturel, en brouillant les limites entre les espaces intérieurs et extérieurs. Le langage architectural que nous avons adopté pour la Résidence Kennedy Park se caractérise par la clarté de la construction, l'honnêteté dans les détails et la géométrie fonctionnelle. L'identité de la maison émerge de ses qualités volumétriques, permettant des porte-à-faux dramatiques et dynamiques qui attirent l'attention sur les vues imprenables sur la mer et le cadre paisible du parc.

Ubicada al otro lado de la calle del pintoresco Kennedy Park en Coconut Grove, esta casa moderna combina con su entorno al tiempo que ofrece un diseño elegante y único. La ubicación del lugar dentro de una zona de inundación peligrosa requirió que el nivel principal se elevara a una altura segura de diez pies del suelo. El principal objetivo del diseño era reducir la masa percibida de la casa de tres plantas e integrarla perfectamente entre los árboles maduros que adornan el lugar. Al diseñar cuidadosamente los volúmenes, logramos una composición que respeta y acentúa el entorno natural, difuminando los límites entre los espacios interiores y exteriores. El lenguaje arquitectónico que adoptamos para la Residencia Kennedy Park se caracteriza por la claridad en la construcción, la honestidad en los detalles y la geometría funcional. La identidad de la casa emerge de sus cualidades volumétricas, permitiendo voladizos dramáticos y dinámicos que llaman la atención sobre las impresionantes vistas al mar y el sereno entorno del parque.

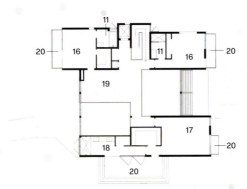

Third floor plan

Second floor plan

Aerial view

Soutwest elevation

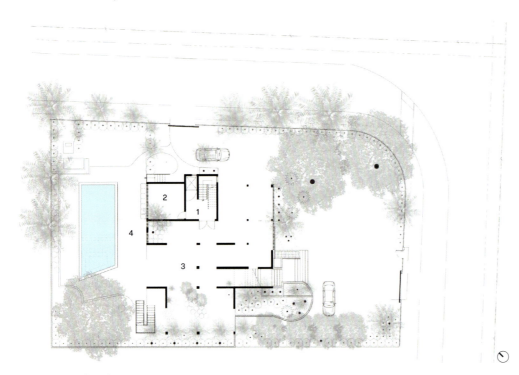

Ground floor plan

1. Stair lobby
2. Storage
3. Outdoor lounge
4. Pool deck
5. Living area
6. Dining area
7. Family room
8. Kitchen
9. Office
10. Gues bedroom
11. Bathroom
12. Laundry room
13. Staff room
14. Terrace
15. Pool
16. Bedroom
17. Primary bedroom
18. Primary bathroom
19. Study
20. Balcony

ROCKERMAN ROAD RESIDENCE

Miami, Florida, United States // Lot area: 6,677 sq ft; building area: 7,828 sq ft

Situated on a small site between a charming cul-de-sac to the east and a serene water canal leading to Biscayne Bay to the west, the Rockerman Road Residence's location is truly enchanting. The site is blessed with a lush green park that graces its western face, inviting tranquility. Adhering to the restricted FEMA regulations, the main living area is raised nine feet above a free open plan. This requirement ensures safety from the sea surge and, at the same time, allows for a covered living terrace garden that seamlessly connects to the nearby dock. The site's unique configuration influenced the form of the house, characterized by a striking curved wall and a void that generates an inviting arrival courtyard. This open court serves as the heart of the residence, flooding the interiors with abundant natural daylight while providing a sense of privacy. In order to strike a balance between contemporary aesthetics and traditional materials, the Rockerman Road Residence embraces different textures of raw materials, expressed in a distinctly modern vocabulary.

Die Rockerman Road Residence befindet sich auf einem kleinen Grundstück zwischen einer charmanten Sackgasse im Osten und einem ruhigen Wasserkanal, der im Westen zur Biscayne Bay führt. Das Grundstück ist mit einem üppigen grünen Park gesegnet, der seine westliche Seite ziert und zur Ruhe einlädt. Unter Einhaltung der eingeschränkten FEMA-Bestimmungen ist der Hauptwohnbereich neun Fuß über einen freien, offenen Grundriss erhöht. Diese Vorschrift gewährleistet den Schutz vor der Meeresflut und ermöglicht gleichzeitig einen überdachten Wohnterrassengarten, der nahtlos an den nahe gelegenen Steg anschließt. Die einzigartige Konfiguration des Grundstücks beeinflusste die Form des Hauses, die durch eine markante geschwungene Wand und einen Hohlraum gekennzeichnet ist, der einen einladenden Eingangshof bildet. Dieser offene Hof ist das Herzstück des Hauses, das die Innenräume mit reichlich natürlichem Tageslicht durchflutet und gleichzeitig ein Gefühl von Privatsphäre vermittelt. Um ein Gleichgewicht zwischen zeitgenössischer Ästhetik und traditionellen Materialien zu schaffen, werden in der Rockerman Road Residence verschiedene Texturen von Rohmaterialien verwendet, die in einem ausgesprochen modernen Vokabular zum Ausdruck kommen.

Située sur un petit site entre une charmante impasse à l'est et un canal d'eau paisible menant à la baie de Biscayne à l'ouest, l'emplacement de la Résidence Rockerman Road est vraiment enchanteur. Le site est béni d'un parc verdoyant luxuriant qui orne sa façade ouest, invitant à la tranquillité. En respectant les réglementations restreintes de la FEMA, la zone de vie principale est surélevée de neuf pieds au-dessus d'un plan ouvert libre. Cette exigence garantit une protection contre la montée des eaux de mer tout en permettant une terrasse de vie couverte qui se connecte de manière transparente au quai voisin. La configuration unique du site a influencé la forme de la maison, caractérisée par un mur courbé saisissant et un vide qui génère une cour d'arrivée accueillante. Cette cour ouverte sert de cœur de la résidence, inondant les intérieurs de lumière naturelle abondante tout en offrant une sensation d'intimité. Afin de trouver un équilibre entre l'esthétique contemporaine et les matériaux traditionnels, la Résidence Rockerman Road adopte différentes textures de matériaux bruts, exprimés dans un vocabulaire distinctement moderne.

Situada en un pequeño terreno entre un encantador callejón sin salida al este y un sereno canal de agua que conduce a la Bahía de Biscayne al oeste, la ubicación de la Residencia Rockerman Road es realmente encantadora. El sitio está bendecido con un exuberante parque verde que adorna su cara occidental, invitando a la tranquilidad. En cumplimiento de la restrictiva normativa de la FEMA, la vivienda principal se eleva nueve pies sobre un planta abierta. Este requisito garantiza la seguridad frente al oleaje marino y, al mismo tiempo, permite disponer de un jardín terraza cubierto que conecta a la perfección con el muelle cercano. La configuración única del emplazamiento influyó en la forma de la casa, caracterizada por un llamativo muro curvo y un vacío que genera un acogedor patio de llegada. Este patio abierto sirve de corazón de la residencia, inundando los interiores de abundante luz natural y proporcionando al mismo tiempo una sensación de privacidad. Con el fin de lograr un equilibrio entre la estética contemporánea y los materiales tradicionales, la Residencia Rockerman Road adopta diferentes texturas de materias primas, expresadas en un vocabulario claramente moderno.

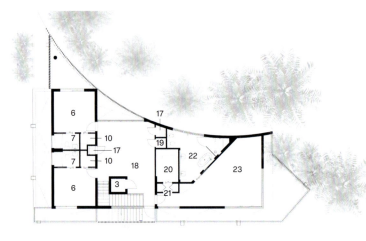

Third floor plan

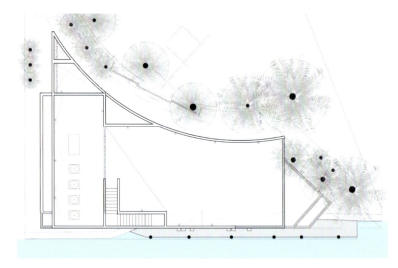

Roof plan

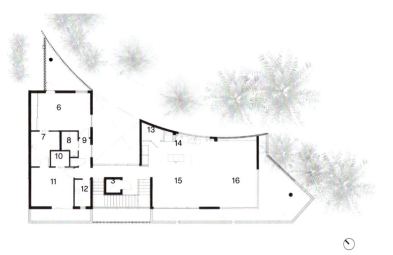

Ground floor plan

Second floor plan

1. Garage
2. Boat storage
3. Elevator
4. Foyer
5. Storage
6. Bedroom
7. Bathroom
8. Laundry room
9. Hall
10. Walk-in-closet
11. Guestroom
12. Powder room
13. Pantry
14. Kitchen
15. Dining area
16. Living area
17. A/C closet
18. Family room
19. A/V closet
20. Primary walk-in-closet
21. Linen closet
22. Primary bathroom
23. Primary bedroom

Northeast elevation

Southeast elevation

Northwest elevation

Southwest elevation

DAMIEN BLUMETTI ARCHITECT

The full-service architecture and design firm Damien Blumetti Architect was founded in 2017 by award-winning principal Damien C. Blumetti, AIA. Based in Sarasota, Florida, the practice specializes in residential and light-commercial projects, building upon a legacy of exceptional regional architecture. The firm is focused on curating projects from ideation through construction in order to develop an organizing principle of harmony throughout the design of a building, its function, and the context in which it is set. In this respect, the approach of Damien Blumetti Architect is a natural progression of the "Sarasota School of Architecture" (1941-1966), which remains the preeminent example of applied modern principles. The firm's output is an ongoing response and refinement of this critically important body of work.

Das Full-Service-Architektur- und Designbüro Damien Blumentti Architect wurde 2017 vom preisgekrönten Direktor Damien C. Blumentti, AIA, gegründet. Das in Sarasota, Florida, ansässige Büro ist auf Wohn- und Gewerbeprojekte spezialisiert und baut auf einem Erbe außergewöhnlicher regionaler Architektur auf. Das Unternehmen konzentriert sich auf die Kuratierung von Projekten von der Ideenfindung bis zur Konstruktion, um ein Organisationsprinzip der Harmonie im gesamten Entwurf eines Gebäudes, seiner Funktion und dem Kontext, in den es eingebettet ist, zu entwickeln. In dieser Hinsicht ist der Ansatz von Damien Blumentti Architect eine natürliche Weiterentwicklung der „Sarasota School of Architecture" (1941-1966), die nach wie vor das herausragende Beispiel angewandter moderner Prinzipien ist. Das Ergebnis des Unternehmens ist eine kontinuierliche Reaktion und Weiterentwicklung dieses äußerst wichtigen Werkkomplexes.

Le bureau d'architecture et de design Damien Blumetti Architect a été fondé en 2017 par l'architecte primé Damien C. Blumetti, AIA. Basée à Sarasota, en Floride, l'entreprise se spécialise dans les projets résidentiels et commerciaux légers, s'appuyant sur un héritage d'architecture régionale exceptionnelle. Le bureau se concentre sur la conservation de projets de l'idée à la construction afin de développer un principe organisateur d'harmonie tout au long de la conception d'un bâtiment, de sa fonction et du contexte dans lequel il s'inscrit. En ce sens, l'approche de Damien Blumetti Architect s'adhère dans la continuité naturelle de la « Sarasota School of Architecture » (1941-1966), qui reste l'exemple prééminent des principes modernes appliqués. La production de l'entreprise est une réponse et un raffinement continue de cet ensemble de travaux d'une importance cruciale.

El estudio de arquitectura y diseño Damien Blumetti Architect fue fundada en 2017 por el galardonado arquitecto Damien C. Blumetti, AIA. Con sede en Sarasota, Florida, el despacho se especializa en proyectos residenciales y comerciales ligeros, basándose en un legado de arquitectura regional excepcional. El estudio se enfoca en desarrollar proyectos desde la ideación hasta la construcción para generar un principio organizador de armonía durante el proceso de diseño de un edificio, su función y el contexto en el que se encuentra. En este sentido, el enfoque de Damien Blumetti Architect es una progresión natural de la «Escuela de Arquitectura de Sarasota» (1941-1966), que sigue siendo el ejemplo preeminente de los principios modernos aplicados. La producción del estudio es una respuesta continua y un refinamiento del conjunto de obras de gran importancia.

BAY HOUSE

Architect: Damien Blumetti, AIA
Project Architect: Amanda Byars, AIA
Structural Engineer: Snell Engineering
Interior Designer: Home Resource, Sarasota
Photographer: © Ryan Gamma

Awards:

AIA Florida Merit Award for Excellence in New Work

CREEK HOUSE

Architect: Damien Blumetti, AIA
Project Manager: Adam Roark, Associate AIA
Renderings: © Adam Roark, Associate AIA

Awards:

AIA Florida Honor Award for Unbuilt Projects

damienblumetti.com   damienblumettiarchitect

BAY HOUSE

Sarasota, Florida, United States // Lot area: 15,117 sq ft; building area: 3,200 sq ft

The Bay House is a single-family residence located in Sarasota, Florida. The project is a site-specific expression of regional modernism that responds to Florida's harsh tropical climate. The form of the building is influenced by Sarasota's preeminent environmental and regional midcentury architecture, which responds directly to its landscape and climate. The building exceeds the required design pressures and can withstand extreme weather events far greater than the typical construction typologies in the area. Comprised of four primary materials: cast-in-place concrete, cedar wood, steel, and glass, the material palette is honest and low maintenance. The wood boards used to create the board-form concrete were recycled and reused on the façades for the rain screen. Given the relatively small footprint of the property, a strategy of folding in the exterior concrete walls allows light and views to the water from anywhere in the house. The south façade has a large overhang, granting unobstructed bay views while blocking intense sunlight.

Das Bay House ist ein Einfamilienhaus in Sarasota, Florida. Das Projekt ist ein ortsspezifischer Ausdruck des regionalen Modernismus, der auf das raue tropische Klima Floridas reagiert. Die Form des Gebäudes ist von Sarasotas herausragender ökologischer und regionaler Architektur aus der Mitte des 20. Jahrhunderts beeinflusst, die direkt auf die Landschaft und das Klima reagiert. Das Gebäude übertrifft die erforderlichen Auslegungsdrücke und kann extremen Wetterereignissen weitaus mehr standhalten als typische Gebäudetypologien in der Region. Die Materialpalette besteht aus vier Hauptmaterialien: Ortbeton, Zedernholz, Stahl und Glas und ist ehrlich und pflegeleicht. Die zur Herstellung des Schalungsbetons verwendeten Holzbretter wurden recycelt und an den Fassaden für den Regenschutz wiederverwendet. Angesichts der relativ geringen Grundfläche des Grundstücks ermöglicht die Faltung der Betonaußenwände von überall im Haus Licht und Blick auf das Wasser. Die Südfassade verfügt über einen großen Überhang, der einen ungehinderten Blick auf die Bucht ermöglicht und gleichzeitig intensives Sonnenlicht abhält.

La Bay House est une résidence unifamiliale située à Sarasota, en Floride. Le projet est une expression spécifique au site du modernisme régional qui répond au climat tropical rigoureux de la Floride. La forme du bâtiment est influencée par l'architecture prééminente environnementale et régionale du milieu du vingtième siècle de Sarasota, qui répond directement à son paysage et à son climat. Le bâtiment dépasse les pressions de conception requises et peut résister à des événements météorologiques extrêmes bien plus importants que les typologies de construction typiques de la région. Composé de quatre matériaux principaux, béton coulé sur place, bois de cèdre, acier et verre, la palette de matériaux est honnête et nécessite peu d'entretien. Les planches de bois utilisées pour créer le béton de coffrage ont été recyclées et réutilisées sur les façades pour l'écran pare-pluie. Compte tenu de l'empreinte relativement petite de la propriété, une stratégie de pliage des murs extérieurs en béton permet la lumière et des vues sur l'eau de n'importe où dans la maison. La façade sud a un grand surplomb, offrant une vue dégagée sur la baie tout en bloquant la lumière intense du soleil.

La Bay House es una residencia unifamiliar ubicada en Sarasota, Florida. El proyecto es una expresión del modernismo regional adaptada a un emplazamiento específico y que responde al duro clima tropical de Florida. La forma del edificio está influenciada por la preeminente arquitectura ambiental y regional de Sarasota de mediados del siglo XX, que responde directamente a su paisaje y clima. El edificio supera las presiones de diseño requeridas y puede soportar eventos climáticos extremos mucho mayores que las tipologías de construcción típicas en el área. Compuesto por cuatro materiales principales, hormigón encofrado in situ, madera de cedro, acero y cristal, la paleta de materiales es honesta y de bajo mantenimiento. Los tableros utilizados para encofrar el hormigón se reciclaron y reutilizaron para las fachadas ventiladas. Dada el área relativamente pequeña de la propiedad, se optó por doblegar las paredes exteriores de hormigón para permitir la luz y las vistas al agua desde cualquier lugar de la casa. La fachada sur tiene un gran voladizo que otorga vistas despejadas a la bahía mientras bloquea la luz solar intensa.

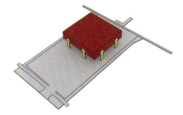
The enclosed mass of the house is raised above the ground.

The ground floor areas — garage, entry, and covered patio — relate to the street and bay.

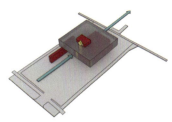
The open areas on ground floor provide transparency and vistas through the house.

Site plan

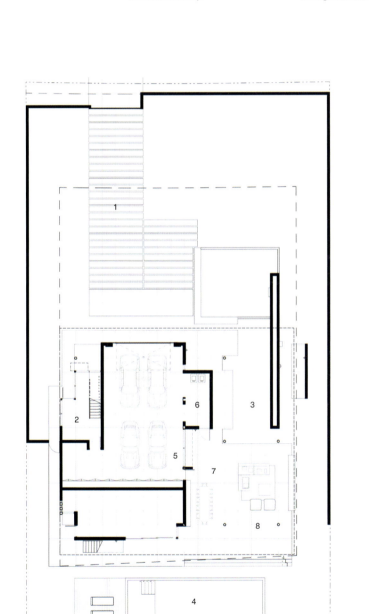
Ground floor plan

Second floor plan

1. Driveway
2. Entry
3. Planter
4. Pool
5. Garage
6. Workshop
7. Outdoor dining area
8. Lounge
9. Bedroom
10. Bathroom
11. Closet
12. Laundry room
13. Terrace
14. Dining area
15. Living area
16. Kitchen
17. Powder room
18. Mechanical room
19. Pantry
20. Primary bedroom
21. Primary bathroom
22. Primary closet
23. Office

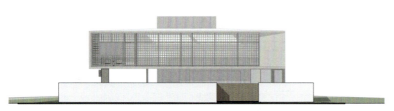

North elevation

South elevation

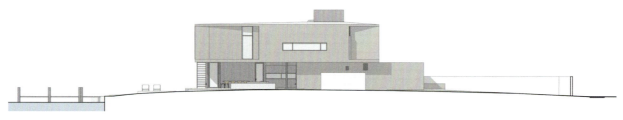

East elevation

West elevation

CREEK HOUSE

Sarasota, Florida, United States // Lot area: 94,073 sq ft (1.5 acres); building area: 3,799 sq ft

Creek House is a single-family residence located in Sarasota, Florida, on a peninsula-like property along Philippi Creek, one of the area's largest coastal streams. The 1.5-acre site slopes significantly from front to back. The house is sited on the high point to protect the building from potential flooding and maximize views. The building responds to the slope through tiered terraces and cantilevers that integrate into the sloped site. The building uses passive design systems that respond to the site conditions. Operable windows, sliding doors, and screened porches take advantage of cross-ventilation and breezes off the water to cool the home. With much of the building being glass, the "butterfly" roof becomes a monumental element which hovers over the cast-in-place concrete walls and wood forms. The roof acts as a machine for water relocation to an on-site cistern. The straightforward materials, board-formed concrete, ipe wood, steel, and glass reinforce the connection between the environment and building.

Creek House ist ein Einfamilienhaus in Sarasota, Florida, auf einem halbinselähnlichen Grundstück am Philippi Creek, einem der größten Küstenbäche der Gegend. Das 0,6 Hektar große Grundstück weist von vorne nach hinten ein deutliches Gefälle auf. Das Haus liegt am höchsten Punkt, um das Gebäude vor möglichen Überschwemmungen zu schützen und die Aussicht zu maximieren. Das Gebäude reagiert auf den Hang durch abgestufte und auskragende Terrassen, die sich in das abfallende Gelände integrieren. Dabei kommen passive Designsysteme zum Einsatz, die auf die Bedingungen vor Ort reagieren. Zu öffnende Fenster, Schiebetüren und abgeschirmte Veranden nutzen die Querlüftung und die Brise vom Wasser, um das Haus zu kühlen. Da ein Großteil des Gebäudes aus Glas besteht, wird das „Schmetterlingsdach" zu einem monumentalen Element, das über den Ortbetonwänden und Holzformen aufragt. Das Dach fungiert als Maschine, um Wasser zu einer Zisterne zu leiten. Einfache Materialien, Schalungsbeton, Ipe-Holz, Stahl und Glas verstärken die Verbindung zwischen Umgebung und Gebäude.

Creek House est une résidence unifamiliale située à Sarasota, en Floride, sur une propriété semblable à une péninsule le long de Philippi Creek, l'une des plus grandes criques côtières de la région. Le site de 0,6 hectare présente une pente significative de l'avant à l'arrière. La maison est située au point le plus élevé pour protéger le bâtiment des inondations potentielles et maximiser les vues. Elle répond à la pente par des terrasses en gradins et en porte-à-faux qui s'intègrent dans le terrain en pente. La construction utilise des systèmes de conception passifs qui répondent aux conditions du site. Les fenêtres ouvrantes, les portes escamotables et les porches grillagés profitent de la ventilation transversale et des brises de l'eau pour rafraîchir la maison. Comme une grande partie du bâtiment est en verre, le toit « papillon » devient un élément monumental qui surplombe les murs en béton coulé sur place et les formes en bois. Le toit agit comme une machine pour canaliser l'eau vers une citerne. Des matériaux simples, béton de coffrage, bois ipé, acier et verre renforcent le lien entre l'environnement et le bâtiment.

Creek House es una residencia unifamiliar ubicada en Sarasota, Florida, en una propiedad similar a una península a lo largo de Philippi Creek, uno de los arroyos costeros más grandes de la zona. El sitio de 0.6 hectáreas se inclina significativamente del frente hacia atrás. La casa está ubicada en el punto más alto para proteger el edificio de posibles inundaciones y maximizar las vistas. El edificio responde a la pendiente a través de terrazas escalonadas y en voladizo que se integran al terreno inclinado. Este utiliza sistemas de diseño pasivo que responden a las condiciones del sitio. Las ventanas practicables, las puertas corredizas y los porches con mosquitero aprovechan la ventilación cruzada y la brisa del agua para refrescar la casa. Dado que gran parte del edificio es de cristal, el techo de «mariposa» se convierte en un elemento monumental que se cierne sobre las paredes de hormigón encofrado in situ y las formas de madera. El techo actúa como una máquina para la canalización del agua a una cisterna. Los materiales sencillos, el hormigón encofrado, la madera de ipe, el acero y el cristal refuerzan la conexión entre el entorno y el edificio.

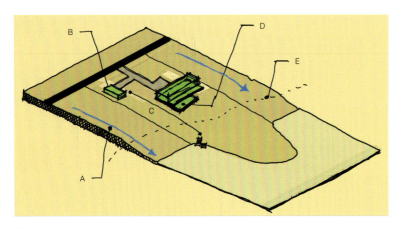

Site diagram

A. Site slopes significantly
B. Boathouse near street for access off-site
C. Boathouse
D. Stepped levels for program follow topography
E. Flood plane

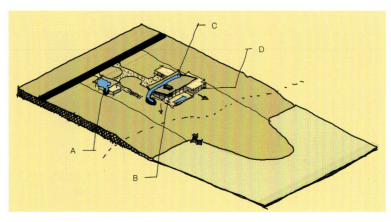

Sustainability diagrams

A. Roof sheds water to cistern
B. Strong core element
C. Butterfly roof collects and directs water to cistern
D. Operable glass windows, doors, and screen for views and ventilation

North elevation

South elevation

East elevation

West elevation

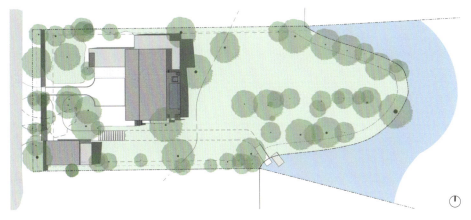

Site plan

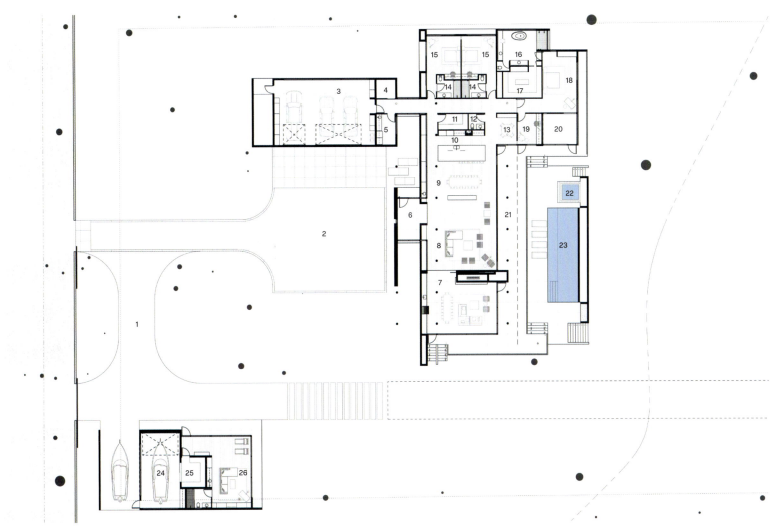

Floor plan

1. Boat access
2. Driveway
3. Garage
4. Mechanical room
5. Laundry room
6. Entry
7. Screened dining/living area
8. Living area
9. Dining area
10. Kitchen
11. Pantry
12. Powder room
13. Breakfast nook
14. Bathroom
15. Bedroom
16. Primary bathroom
17. Primary closet
18. Primary bedroom
19. Office
20. Screened terrace
21. Terrace
22. Whirlpool
23. Pool
24. Boathouse
25. Workshop
26. Pool house

GANTOUS ARQUITECTOS

Since 1992, Gantous Arquitectos (GA) has been a highly regarded architectural design firm renowned for its unique and well-executed projects, resulting in spaces of aesthetic excellence and comfort. Their portfolio encompasses a wide range of projects developed with the utmost commitment to high-quality architecture and technical standards. The firm's body of work includes specialized furniture design and a focus on sustainable architecture. GA's aesthetic is defined by simple, serene forms that emphasize the importance of detail and elevate the human spirit through the harmonious connection of architecture and nature.

Seit 1992 ist Gantous Arquitectos (GA) ein hoch angesehenes Architekturbüro, das für seine einzigartigen und gut ausgeführten Projekte bekannt ist, die zu Räumen von höchster Ästhetik und Komfort führen. Ihr Portfolio umfasst eine breite Palette von Projekten, die mit einem Höchstmaß an Engagement für hochwertige Architektur und technische Standards entwickelt wurden. Die Arbeit des Büros umfasst auch spezialisiertes Möbeldesign und einen Schwerpunkt auf nachhaltige Architektur. Die Ästhetik von GA zeichnet sich durch einfache, ruhige Formen aus, die die Bedeutung des Details betonen und den menschlichen Geist durch die harmonische Verbindung von Architektur und Natur erheben.

Depuis 1992, Gantous Arquitectos (GA) est un cabinet de conception architecturale hautement respecté, réputé pour ses projets uniques et bien exécutés, résultant en des espaces d'excellence esthétique et de confort. Leur portefeuille englobe un large éventail de projets développés avec le plus grand engagement envers une architecture de haute qualité et des normes techniques. Le travail du cabinet inclut la conception de mobilier spécialisé et une focalisation sur l'architecture durable. L'esthétique de GA se caractérise par des formes simples et sereines qui mettent en évidence l'importance du détail et élèvent l'esprit humain à travers la connexion harmonieuse entre l'architecture et la nature.

Desde 1992, Gantous Arquitectos (GA) ha sido una firma de diseño arquitectónico altamente reconocida por sus proyectos únicos y bien ejecutados, dando como resultado espacios de excelencia estética y confort. Su cartera abarca una amplia gama de proyectos desarrollados con el máximo compromiso con la arquitectura de alta calidad y los estándares técnicos. El trabajo de la empresa incluye el diseño especializado de mobiliario y se centra en la arquitectura sostenible. La estética de GA se define por formas sencillas y serenas que enfatizan la importancia del detalle y elevan el espíritu humano a través de la conexión armoniosa de la arquitectura y la naturaleza.

CASA UH K'AAY

Lead Architect: José Luis Gutierrez
Lighting Designer: Luz en Arquitectura
General Contractor: NALUM
Photographer: © Daniela Gutierrez Rangel and Edmund Sumner

CASA KEM

Lead Architect: Miguel Vives
Lighting Designer: Luz en Arquitectura
Landscape Designer: Aplenosol
General Contractor: AVICSA
Photographer: © Edmund Sumner

gantousarquitectos.com   gantous.arquitectos

CASA UH K'AAY

Sian Ka'an Biosphere Reserve, Tulum, Quintana Roo, Mexico // Lot area: 4.9 acres; building area: 4,305 sq ft

Casa Uh K´aay is a beach property within the quiet confines of the Sian Ka'an Reserve, south of Tulum. It was designed as a high-end hospitality retreat, featuring two master and two junior suites placed symmetrically on either side of a central living area. Raised one level above the ground, the house gives the impression of floating amidst the native palms and tropical trees that line the beach. The wooden decks extending out from every room create a sense of full immersion in the dense vegetation surrounding the building. A roof terrace with pool and lounge areas offers breathtaking panoramic vistas over the sea, the jungle, and the estuary that lies inland. The project was conceived in compliance with strict, low-density regulations specified by the Regional Ecological Management Program for the Sian Ka'an reserve. Self-sustaining features were implemented, including harvesting rainwater and generating electricity through photovoltaic panels and a wind turbine.

Casa Uh K'aay ist ein Strandhaus in der ruhigen Umgebung des Sian Ka'an Reservats, südlich von Tulum. Es wurde als hochwertiger Rückzugsort für Gäste konzipiert und verfügt über zwei Master- und zwei Junior-Suiten, die symmetrisch auf beiden Seiten eines zentralen Wohnbereichs angeordnet sind. Das Haus liegt eine Ebene über dem Boden und vermittelt den Eindruck, als würde es inmitten der einheimischen Palmen und tropischen Bäume, die den Strand säumen, schweben. Die Holzdecks, die sich von jedem Zimmer aus erstrecken, vermitteln das Gefühl, in die dichte Vegetation, die das Gebäude umgibt, einzutauchen. Eine Dachterrasse mit Pool und Loungebereichen bietet einen atemberaubenden Panoramablick auf das Meer, den Dschungel und die im Landesinneren gelegene Flussmündung. Das Projekt wurde unter Einhaltung der strengen Vorschriften für eine geringe Bebauungsdichte konzipiert, die das regionale ökologische Managementprogramm für das Sian-Ka'an-Reservat vorschreibt. Es wurden selbstversorgende Maßnahmen ergriffen, wie z. B. das Sammeln von Regenwasser und die Erzeugung von Strom durch Fotovoltaikanlagen und eine Windturbine.

Casa Uh K'aay est une propriété en bord de plage au sein des confins tranquilles de la Réserve de Sian Ka'an, au sud de Tulum. Elle a été conçue comme un refuge d'accueil haut de gamme, comprenant deux suites principales et deux suites junior placées symétriquement de part et d'autre d'un espace de vie central. Surélevée d'un niveau au-dessus du sol, la maison donne l'impression de flotter au milieu des palmiers indigènes et des arbres tropicaux qui bordent la plage. Les terrasses en bois s'étendant depuis chaque pièce créent une immersion totale dans la végétation dense entourant le bâtiment. Une terrasse sur le toit avec piscine et espaces lounge offre une vue panoramique époustouflante sur la mer, la jungle et l'estuaire intérieur. Le projet a été conçu en conformité avec des réglementations strictes de faible densité spécifiées par le Programme de Gestion Écologique Régionale pour la réserve de Sian Ka'an. Des caractéristiques d'auto-suffisance ont été mises en œuvre, notamment la collecte d'eau de pluie et la production d'électricité grâce à des panneaux photovoltaïques et une éolienne.

Casa Uh K'aay es una propiedad de playa situada en los tranquilos confines de la reserva de Sian Ka'an, al sur de Tulum. Se diseñó como un refugio hotelero de alto nivel, con dos suites principales y dos suites junior situadas simétricamente a ambos lados de una sala de estar central. Elevada un nivel sobre el suelo, la casa da la impresión de flotar entre las palmeras autóctonas y los árboles tropicales que bordean la playa. Las terrazas de madera que se extienden desde todas las habitaciones crean una sensación de inmersión total en la densa vegetación que rodea el edificio. Una terraza en la azotea con piscina y zonas de descanso ofrece impresionantes vistas panorámicas del mar, la selva y el estuario que se extiende tierra adentro. El proyecto se concibió de acuerdo con las estrictas normas de baja densidad especificadas por el Programa Regional de Gestión Ecológica de la reserva de Sian Ka'an. Se aplicaron medidas de autosuficiencia, como la recogida de agua de lluvia y la generación de electricidad mediante paneles fotovoltaicos y una turbina eólica.

East elevation

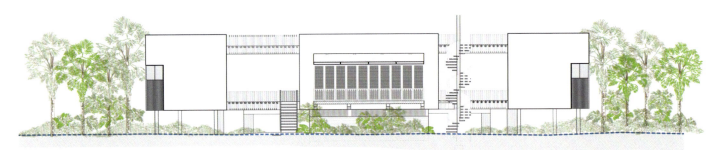

West elevation

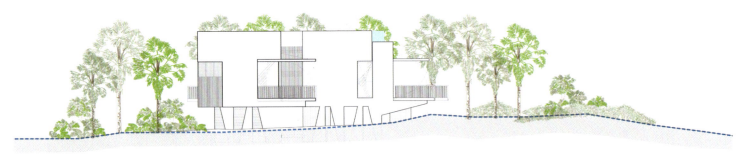

South elevation

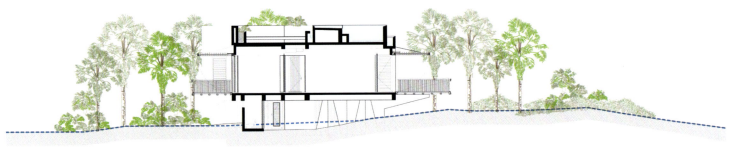

Cross section C1

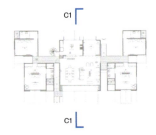

Roof terrace plan

Site plan

Floor plan

1. Terrace
2. Living area
3. Dining area
4. Family room
5. Kitchen
6. Junior suite
7. Master suite
8. Pool
9. Lounge area
10. Roof deck
11. Whirpool
12. Observatory deck

CASA KEM

Merida, Yucatan, Mexico // Lot area: 31,215 sq ft; building area: 10,763 sq ft

Casa Kem is nestled within the verdant expanse of the Yucatan Country Club. The golf course —designed by American professional golfer Jack Nicklaus— is a lush oasis, offering breathtaking views to those lucky enough to call it home. The YCC's developer commissioned GA the design a home that would reflect his impeccable taste and style. The house accommodates a family of five, with all the main spaces arranged in a linear fashion along the golf course. Large sliding windows on the north and south facades merge the great room with the immediate natural surroundings while optimizing cross-ventilation. The hot, tropical weather of the Yucatan played a crucial role in the design. Cantilever flat roofs extend over both main facades to protect the windows from rain and direct sunlight. The simplicity and expressiveness of the exposed white concrete structure and Puntolivo Italian marble create a sense of sophistication throughout the home.

Casa Kem liegt eingebettet in die grüne Weite des Yucatan Country Club. Der Golfplatz - entworfen von dem amerikanischen Profigolfer Jack Nicklaus - ist eine üppige Oase, die denjenigen, die das Glück haben, sie ihr Zuhause zu nennen, atemberaubende Ausblicke bietet. Der Bauherr des YCC beauftragte GA mit dem Entwurf eines Hauses, das seinen tadellosen Geschmack und Stil widerspiegeln sollte. Das Haus bietet Platz für eine fünfköpfige Familie, wobei alle Haupträume linear entlang des Golfplatzes angeordnet sind. Große Schiebefenster an der Nord- und Südfassade lassen den großen Raum mit der unmittelbaren natürlichen Umgebung verschmelzen und optimieren gleichzeitig die Querlüftung. Das heiße, tropische Wetter der Yucatan-Region spielte bei der Planung eine entscheidende Rolle. Auskragende Flachdächer erstrecken sich über beide Hauptfassaden, um die Fenster vor Regen und direkter Sonneneinstrahlung zu schützen. Die schlichte und ausdrucksstarke Struktur aus weißem Sichtbeton und italienischem Puntolivo-Marmor verleiht dem gesamten Haus einen Hauch von Raffinesse.

Casa Kem est nichée au sein de l'étendue verdoyante du Yucatan Country Club. Le parcours de golf, conçu par le golfeur professionnel américain Jack Nicklaus, est une oasis luxuriante offrant des vues à couper le souffle à ceux qui ont la chance d'appeler cet endroit leur domicile. Le promoteur du YCC a confié à GA la conception d'une maison qui refléterait son goût et son style impeccables. La maison peut accueillir une famille de cinq personnes, avec tous les espaces principaux disposés de manière linéaire le long du parcours de golf. De grandes fenêtres coulissantes sur les façades nord et sud fusionnent le grand salon avec les environs naturels immédiats tout en optimisant la ventilation croisée. Le climat chaud et tropical du Yucatan a joué un rôle crucial dans la conception. Les toits plats en porte-à-faux s'étendent sur les deux façades principales pour protéger les fenêtres de la pluie et du soleil direct. La simplicité et l'expressivité de la structure en béton blanc exposé et du marbre italien Puntolivo créent un sentiment de sophistication dans toute la maison.

Casa Kem está enclavada en la verde extensión del Yucatan Country Club. El campo de golf —diseñado por el golfista profesional estadounidense Jack Nicklaus— es un exuberante oasis que ofrece unas vistas impresionantes a quienes tienen la suerte de llamarlo hogar. El promotor del YCC encargó a GA el diseño de una casa que reflejara su impecable gusto y estilo. La casa tiene capacidad para una familia de cinco miembros, con todos los espacios principales dispuestos de forma lineal a lo largo del campo de golf. Grandes ventanales correderos en las fachadas norte y sur funden el gran salón con el entorno natural inmediato, al tiempo que optimizan la ventilación cruzada. El clima cálido y tropical de Yucatán desempeñó un papel crucial en el diseño. Las cubiertas planas en voladizo se extienden por las dos fachadas principales para proteger las ventanas de la lluvia y la luz solar directa. La sencillez y expresividad de la estructura de hormigón blanco visto y el mármol italiano Puntolivo crean una sensación de sofisticación en toda la casa.

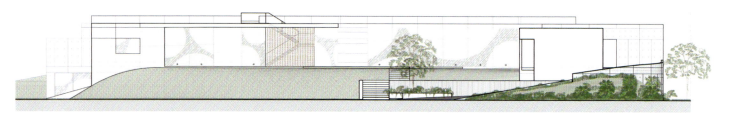

North elevation

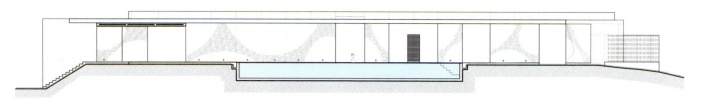

South elevation

East elevation

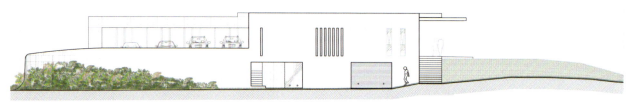

West elevation

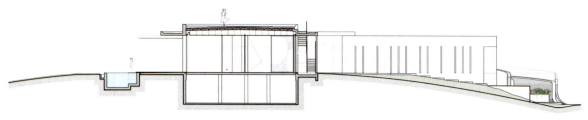

Cross section C1

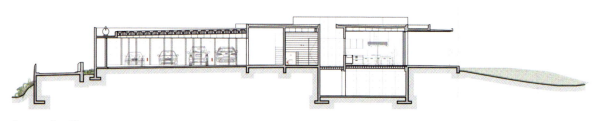

Cross section C2

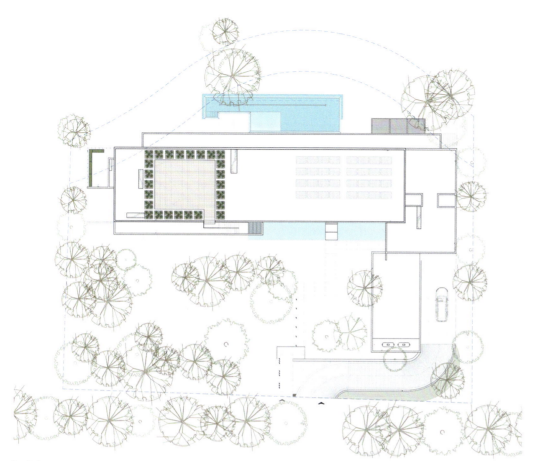

Roof plan

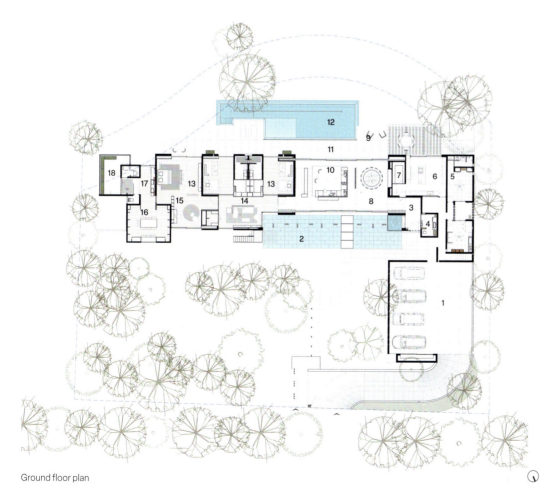

Ground floor plan

1. Garage
2. Reflecting pool
3. Entry foyer
4. Powder room
5. Staff's quarters
6. Kitchen
7. Pantry
8. Dining area
9. Outdoor dining
10. Living area
11. Pool deck
12. Pool
13. Bedroom
14. Family room
15. Primary bedroom
16. Dressing room
17. Primary bathroom
18. Outdoor shower

HALFLANTS + PICHETTE

Halflants + Pichette is an award-winning modern design-build studio with offices in Sarasota and Tampa, Florida. The firm was co-founded in 2006 by Michael Halflants and John Pichette with a goal to create thoughtful, high-quality modern architecture that responds to context and function. Their approach to modern architecture is process-oriented and deliberately avoids preconceived solutions. Halflants + Pichette provides a range of services, including architectural design, interior design, master planning, and full construction services. Halflants + Pichette has been recognized in the professional press at both state and national levels and has been honored with over fifty American Institute of Architects awards, more than any other practice in the State of Florida. The practice has also garnered five national medals from the Association of Licensed Architects and the Tampa Bay AIA Firm of the Year award.

Halflants + Pichette ist ein preisgekröntes Studio für modernes Design und Bau mit Büros in Sarasota und Tampa, Florida. Das Büro wurde 2006 von Michael Halflants und John Pichette mit dem Ziel gegründet, durchdachte, hochwertige moderne Architektur zu schaffen, die auf den Kontext und die Funktion eingeht. Ihr Ansatz für moderne Architektur ist prozessorientiert und vermeidet bewusst vorgefasste Lösungen. Halflants + Pichette bietet eine Reihe von Dienstleistungen an, darunter architektonische Gestaltung, Innenarchitektur, Masterplanung und komplette Bauleistungen. Halflants + Pichette wurde in der Fachpresse sowohl auf bundesstaatlicher als auch auf nationaler Ebene gewürdigt und mit über fünfzig Auszeichnungen des American Institute of Architects geehrt, mehr als jedes andere Büro im Bundesstaat Florida. Das Büro hat außerdem fünf nationale Medaillen von der Association of Licensed Architects und die Auszeichnung „Tampa Bay AIA Firm of the Year" erhalten.

Halflants + Pichette est un studio de conception et de construction moderne primé, avec des bureaux à Sarasota et Tampa, en Floride. Le cabinet a été co-fondé en 2006 par Michael Halflants et John Pichette dans le but de créer une architecture moderne réfléchie et de haute qualité, en réponse au contexte et à la fonction. Leur approche de l'architecture moderne est axée sur le processus et évite délibérément les solutions préconçues. Halflants + Pichette propose une gamme de services, notamment la conception architecturale, la conception intérieure, la planification urbaine et les services de construction complets. Halflants + Pichette a été reconnu dans la presse professionnelle tant au niveau de l'État que national et a été honoré de plus de cinquante prix de l'Institut américain des architectes, plus que toute autre pratique en Floride. Le cabinet a également remporté cinq médailles nationales de l'Association des architectes agréés et le prix du Cabinet de l'Année de l'AIA de la baie de Tampa.

Halflants + Pichette es un galardonado estudio moderno de diseño y construcción con oficinas en Sarasota y Tampa, Florida. La empresa fue cofundada en 2006 por Michael Halflants y John Pichette con el objetivo de crear una arquitectura moderna, reflexiva y de alta calidad que responda al contexto y a la función. Su enfoque de la arquitectura moderna está orientado al proceso y evita deliberadamente soluciones preconcebidas. Halflants + Pichette ofrece una amplia gama de servicios, que incluyen el diseño arquitectónico, el diseño de interiores, la planificación general y servicios completos de construcción. Halflants + Pichette ha sido reconocido en la prensa profesional tanto a nivel estatal como nacional y ha sido galardonado con más de cincuenta premios del Instituto Americano de Arquitectos, más que cualquier otro estudio en el Estado de Florida. El estudio también ha obtenido cinco medallas nacionales de la Asociación de Arquitectos con Licencia y el premio a la Empresa del Año de la AIA de la Bahía de Tampa.

ANNA MARIA RESIDENCE

Architecture and Interior Design: John Pichette (Principal in Charge), Michael Halflants (Design Principal), David Morrison, Randy Powell, and David Zawko

Structural Engineer: Collins Structural

General Contractor: Halflants + Pichette Construction

Architectural Fabricator: Modulo Design

Photographer: © William S. Speer

Awards:

2018 AIA Gulf Coast, Design Award

2018 Mies Crown Hall American Prize IIT, Chicago

2017 AIA Tampa Bay, Design Award

2014 ALA National Design Award

2014 AIA Gulf Coast, Design Award

2013 AIA Tampa Bay, Design Award

LONGBOAT KEY BAYFRONT PORCH RESIDENCE

Architecture and Interior Design: John Pichette (Principal in Charge), Michael Halflants (Design Principal), Jaime Caballero (Project Manager), Alex Giraldo, Edwin Martinez, JT Dampier, Mira Tabbalat, and Hazim Habib

Structural Engineer: Master Consulting Engineers MCE

General Contractor: Halflants + Pichette Construction

Specialty Designer: Modulo Design

Photographer: © Seamus Payne

halflantspichette.com halflants.pichette

ANNA MARIA RESIDENCE

Anna Maria Island, Florida, United States // Building area: 3,500 sq ft

The site is a fifty-six-foot-wide parcel facing the public beach across Anna Maria Island's coastal drive with a home elevated a full story to get above high flood elevation. The design intent was to balance the residents' need for privacy with the opportunities for open views. To connect the elevated living spaces with the yard below, the house first descends three steps to a pool, then another half flight of stairs to a wood deck three feet above grade. The wood deck, in turn, steps down with stadium seating to the yard and the entry gate, allowing the house to expand to shaded exterior spaces. A large portion of the house facing the bay was carved out to capture livable exterior spaces. The fully glazed front of the house opens the interior toward views and northeast orientation. In contrast, the third-floor mass enclosing the bedrooms has simple punched openings. The two-story living room opens to the long views of Anna Maria Beach and Sarasota Bay.

Bei dem Grundstück handelt es sich um ein sechsundfünfzig Fuß breites Grundstück, das dem öffentlichen Strand auf der anderen Seite der Küstenstraße von Anna Maria Island zugewandt ist, mit einem Haus, das um ein ganzes Stockwerk erhöht ist, um einer hohen Überflutungshöhe zu entsprechen. Die Absicht des Entwurfs war es, das Bedürfnis der Bewohner nach Privatsphäre mit den Möglichkeiten offener Ausblicke in Einklang zu bringen. Um die aufgeständerten Wohnräume mit dem darunter liegenden Garten zu verbinden, führt das Haus zunächst über drei Stufen hinunter zu einem Pool und dann über eine weitere halbe Treppe zu einem Holzdeck, das sich einen Meter über dem Boden befindet. Die Holzterrasse wiederum führt mit einer Stadionbestuhlung hinunter in den Hof und zum Eingangstor, so dass sich das Haus zu schattigen Außenbereichen ausdehnen kann. Ein großer Teil des Hauses, der der Bucht zugewandt ist, wurde herausgeschnitten, um bewohnbare Außenbereiche zu schaffen. Die vollständig verglaste Vorderseite des Hauses öffnet den Innenraum für Ausblicke und die Ausrichtung nach Nordosten. Im Gegensatz dazu weist die Masse des dritten Stocks, die die Schlafzimmer umschließt, einfache gestanzte Öffnungen auf. Das zweistöckige Wohnzimmer bietet einen weiten Blick auf den Anna Maria Beach und die Sarasota Bay.

Le site est un terrain de cinquante-six pieds de large faisant face à la plage publique de l'île Anna Maria, à travers la route côtière, avec une maison surélevée d'un étage entier pour dépasser l'élévation du niveau de l'eau en cas d'inondation. L'objectif de conception était d'équilibrer les besoins en matière d'intimité des résidents avec les possibilités de vues ouvertes. Pour relier les espaces de vie surélevés au jardin en dessous, la maison descend d'abord de trois marches jusqu'à une piscine, puis d'un demi-étage supplémentaire jusqu'à une terrasse en bois à trois pieds au-dessus du niveau du sol. La terrasse en bois, à son tour, descend en gradins jusqu'au jardin et à la porte d'entrée, permettant à la maison de s'étendre vers des espaces extérieurs ombragés. Une grande partie de la maison faisant face à la baie a été creusée pour créer des espaces extérieurs habitables. L'avant entièrement vitré de la maison ouvre l'intérieur vers les vues et l'orientation nord-est. En contraste, la masse du troisième étage renfermant les chambres a des ouvertures simples. Le salon double hauteur s'ouvre sur les longues vues de la plage d'Anna Maria et de la baie de Sarasota.

Se trata de una parcela de cincuenta y seis pies de ancho frente a la playa pública a través de la carretera costera de Anna Maria Island con una casa elevada un piso completo para superar el nivel del agua en caso de inundación. La intención del diseño era equilibrar la necesidad de intimidad de los residentes con la posibilidad de disfrutar de vistas abiertas. Para conectar los espacios habitables elevados con el patio inferior, la casa desciende tres escalones hasta una piscina, y luego otro medio tramo de escaleras hasta una cubierta de madera a un metro sobre el nivel del suelo. La cubierta de madera, a su vez, desciende a modo de gradas hasta el patio y la puerta de entrada, permitiendo que la casa se expanda hacia espacios exteriores sombreados. Una gran parte de la casa que da a la bahía se excavó para crear espacios exteriores habitables. La fachada totalmente acristalada de la casa abre el interior hacia las vistas y la orientación noreste. En cambio, la masa del tercer piso que encierra los dormitorios tiene sencillas aberturas troqueladas. El salón de dos plantas se abre a las largas vistas de la playa de Anna Maria y la bahía de Sarasota.

Scale model view

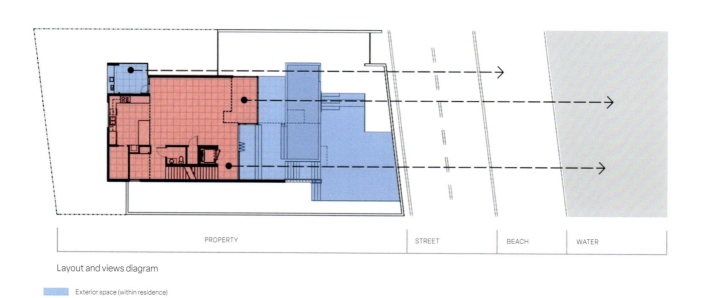

Layout and views diagram

▬ Exterior space (within residence)
▬ Interior space
← Views to the water

Third floor plan

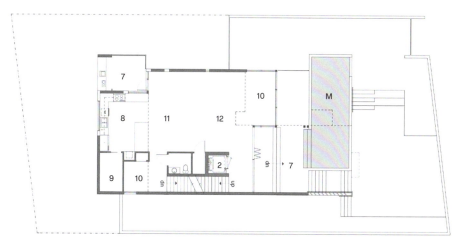

Second floor plan

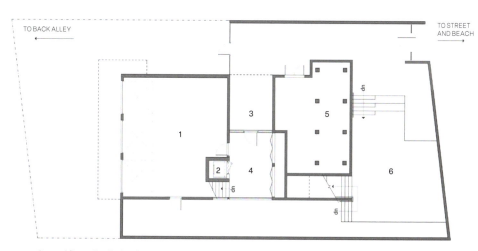

Ground floor plan (below flood level)

1. Garage
2. Elevator
3. Covered entry
4. Foyer
5. Elevated pool structure
6. Deck
7. Terrace
8. Kitchen
9. Pantry
10. Open to above
11. Dining area
12. Living area
13. Pool
14. Open to below
15. Guest room
16. Laundry closet
17. Office
18. Master bedroom

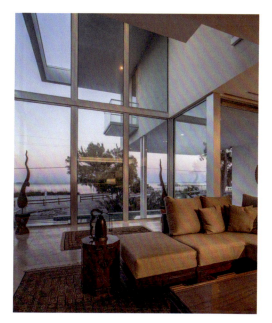

LONGBOAT KEY BAYFRONT PORCH RESIDENCE

Longboat Key, Florida, United States // Building area: 3,524 sq ft

The design of the residence takes full advantage of an unusual trapezoidal site, maximizing the waterfront views while turning the house's back against a crowded neighboring property. The L-shaped floor plan cradles an outdoor room with a raised pool and spa facing the long view across Sarasota Bay. The architects relied on a steel structure to span long distances over the pool and to keep the roof profile as thin as possible. The resulting design is open and airy. Five exterior glass sliders pocket into a wall to open the living room to the pool terrace; an exterior aluminum perforated stair suspended above the pool provides access to the roof terrace; two double-height spaces, one at the entry and another facing Sarasota Bay, bookend a glass bridge that runs the length of the house under a linear skylight. The two open spaces and the glass bridge together create an open axis that connects the entry to the bay. Halflants + Pichette is completing the project as another design-build venture.

Das Design der Residenz nutzt die Vorteile des ungewöhnlichen trapezförmigen Grundstücks voll aus und maximiert die Aussicht auf das Wasser, während das Haus mit dem Rücken zu einem überfüllten Nachbargrundstück steht. Der L-förmige Grundriss umschließt einen Außenbereich mit einem erhöhten Pool und einem Whirlpool, von dem aus man einen weiten Blick über die Sarasota Bay hat. Die Architekten verließen sich auf eine Stahlkonstruktion, um große Entfernungen über den Pool zu überbrücken und das Dachprofil so schlank wie möglich zu halten. Das Ergebnis ist ein offenes und luftiges Design. Eine perforierte Aluminium-Außentreppe, die über dem Pool aufgehängt ist, ermöglicht den Zugang zur Dachterrasse. Zwei Räume mit doppelter Höhe, einer am Eingang und ein weiterer zur Sarasota Bay hin, bilden den Abschluss einer Glasbrücke, die unter einem linearen Oberlicht über die gesamte Länge des Hauses verläuft. Die beiden offenen Räume und die Glasbrücke bilden zusammen eine offene Achse, die den Eingang mit der Bucht verbindet. Halflants + Pichette führt das Projekt als weiteres Design-Build-Projekt aus.

La conception de la résidence tire pleinement parti d'un site trapézoïdal inhabituel, maximisant les vues sur le front de mer tout en tournant le dos de la maison contre une propriété voisine encombrée. Le plan d'étage en forme de L entoure une pièce extérieure avec une piscine surélevée et un spa face à la longue vue sur la baie de Sarasota. Les architectes ont utilisé une structure en acier pour franchir de longues distances au-dessus de la piscine et maintenir le profil du toit le plus mince possible. Le résultat est un design ouvert et aéré. Cinq portes vitrées extérieures coulissantes s'enfoncent dans un mur pour ouvrir le salon sur la terrasse de la piscine ; un escalier extérieur en aluminium perforé suspendu au-dessus de la piscine donne accès à la terrasse sur le toit ; deux espaces à double hauteur, l'un à l'entrée et un autre face à la baie de Sarasota, encadrent un pont vitré qui parcourt toute la longueur de la maison sous un puits de lumière linéaire. Les deux espaces ouverts et le pont en verre créent ensemble un axe ouvert qui relie l'entrée à la baie. Halflants + Pichette achève le projet en tant qu'une autre aventure de conception et de construction.

El diseño de la residencia aprovecha al máximo un inusual emplazamiento trapezoidal, maximizando las vistas frente al mar, al tiempo que da la espalda a la casa frente a una concurrida propiedad vecina. La planta en forma de L alberga una sala exterior con piscina elevada y spa frente a la larga vista de la bahía de Sarasota. Los arquitectos recurrieron a una estructura de acero para salvar grandes distancias sobre la piscina y mantener el perfil del tejado lo más delgado posible. El resultado es un diseño abierto y espacioso. Cinco correderas exteriores de cristal se introducen en una pared para abrir el salón a la terraza de la piscina; una escalera exterior de aluminio perforado suspendida sobre la piscina da acceso a la azotea; dos espacios de doble altura, uno en la entrada y otro frente a la bahía de Sarasota, delimitan un puente de cristal que recorre toda la casa bajo un lucernario lineal. Los dos espacios abiertos y el puente de cristal crean un eje abierto que conecta la entrada con la bahía. Halflants + Pichette está llevando a cabo el proyecto como otra empresa de diseño y construcción.

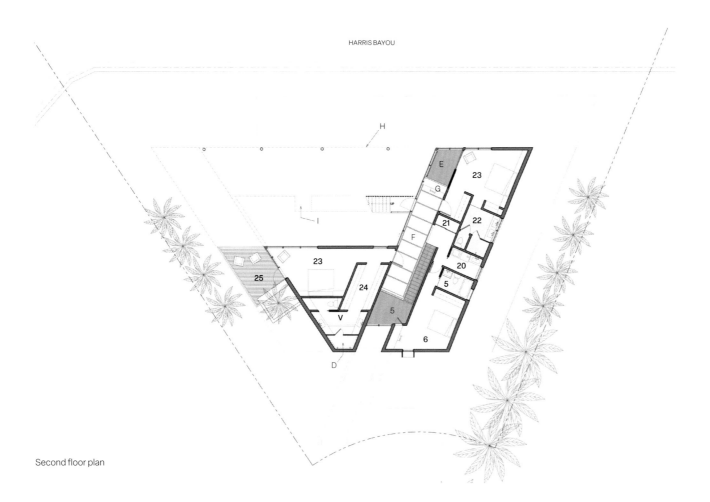

Second floor plan

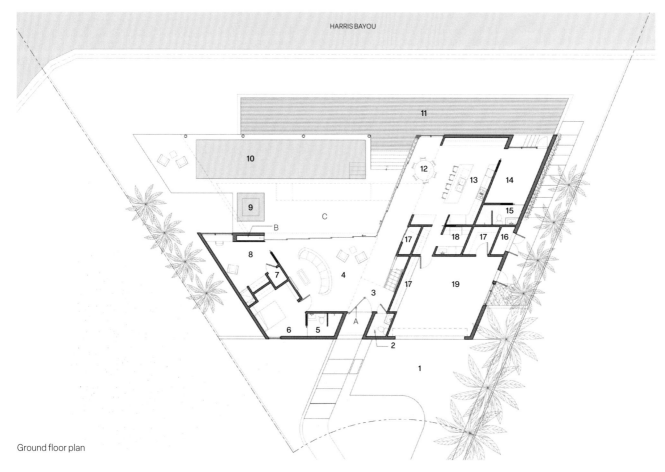

Ground floor plan

1. Parking court
2. Powder room
3. Foyer
4. Living area
5. Bathroom
6. Bedroom
7. AV closet
8. Office
9. Spa
10. Swimming pool
11. Sun deck
12. Dining area
13. Kitchen
14. Gym
15. Pool bathroom
16. Part storage
17. Storage
18. Pantry
19. Garage
20. Laundry room
21. Mechanical closet
22. Primary bathroom
23. Primary bedroom
24. Primary walk-in closet
25. Private terrace

A. Pivot door entry
B. Pocket wall
C. Open above
D. Skylight above
E. Open below
F. Transparent floor
G. Desk
H. Line of canopy above
I. Landing to rooftop terrace above

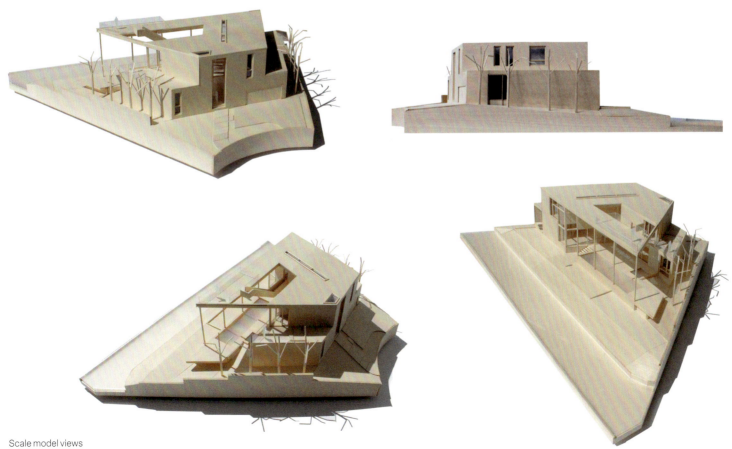

Scale model views

DESNIVEL ARQUITECTOS

Desnivel is a creative, flexible, and dynamic firm based in Merida, Yucatan, Mexico. The firm places people at the core of the design process to ensure that their needs, personality, and lifestyle reflect the space they inhabit. Desnivel creates architectural projects focused on the user, linking functionality and aesthetics to provoke emotions. Each project is the result of a collective effort.

Desnivel ist ein kreatives, flexibles und dynamisches Unternehmen mit Sitz in Merida, Yucatan, Mexico. Das Unternehmen stellt den Menschen in den Mittelpunkt des Entwurfsprozesses, um sicherzustellen, dass sich seine Bedürfnisse, seine Persönlichkeit und sein Lebensstil in dem von ihm bewohnten Raum widerspiegeln. Desnivel entwirft Architekturprojekte, die den Nutzer in den Mittelpunkt stellen und Funktionalität und Ästhetik miteinander verbinden, um Emotionen zu wecken. Jedes Projekt ist das Ergebnis einer kollektiven Anstrengung.

Desnivel est une entreprise créative, flexible et dynamique basée à Mérida, Yucatan, au Mexique. L'entreprise place les personnes au cœur du processus de conception pour s'assurer que leurs besoins, leur personnalité et leur style de vie se reflètent dans l'espace qu'elles habitent. Desnivel crée des projets architecturaux axés sur l'utilisateur, liant fonctionnalité et esthétique pour susciter des émotions. Chaque projet est le résultat d'un effort collectif.

Desnivel es una empresa creativa, flexible y dinámica con sede en Mérida, Yucatán, México. La firma coloca a las personas en el centro del proceso de diseño para asegurar que sus necesidades, personalidad y estilo de vida reflejen el espacio que habitan. Desnivel crea proyectos arquitectónicos centrados en el usuario, vinculando funcionalidad y estética para provocar emociones. Cada proyecto es el resultado de un esfuerzo colectivo.

X HOUSE

Architectural team: Ariel Canto Novelo (head designer), Leonor Hernández, and Jimena Castillo/ Desnivel Arquitectos

Interior Designer: Desnivel Arquitectos

Structural Engineer: Mónica Pérez

Landscape Designer: Everis

Photographers: © Lorena Darquea

desnivel.mx   desnivelarquitectos

X HOUSE

Merida, Yucatan, Mexico // Building area: 2,798 sq ft

The X House's design reflects the lifestyle of a young couple. The home sits on a small lot with a north-south orientation. Desnivel saw this challenge as a learning opportunity for space optimization, exploring verticality to organize the various rooms while generating different atmospheres. The result is a home that highlights a seamless indoor-outdoor connection. The ground floor is planned as a social area where all the daily activities take place. It opens to a deck with a pool through sliding glass doors on two sides, allowing for generous daylight and ventilation. The verticality of the house generates voids that enrich the spatial experience and facilitate cross-ventilation. Compositionally, the north facade is segmented to echo the floor plan configurations. Dark tones and a range of grays predominate, enhanced by the interplay of sunlight and shadows. The south facade is mostly transparent, open to the patio and views toward the lush natural surroundings.

Das Design des X House spiegelt den Lebensstil eines jungen Paares wider. Das Haus befindet sich auf einem kleinen Grundstück mit Nord-Süd-Ausrichtung. Desnivel sah diese Herausforderung als eine Gelegenheit, die Raumoptimierung zu erlernen und die Vertikalität zu erforschen, um die verschiedenen Räume zu organisieren und gleichzeitig verschiedene Atmosphären zu schaffen. Das Ergebnis ist ein Haus, das eine nahtlose Verbindung zwischen Innen- und Außenbereich herstellt. Das Erdgeschoss ist als sozialer Bereich geplant, in dem sich alle täglichen Aktivitäten abspielen. Es öffnet sich durch Glasschiebetüren auf zwei Seiten zu einer Terrasse mit Pool, die viel Tageslicht und Belüftung ermöglicht. Durch die Vertikalität des Hauses entstehen Hohlräume, die das Raumerlebnis bereichern und die Querlüftung erleichtern. Die Nordfassade ist kompositorisch segmentiert, um die Grundrisskonfigurationen widerzuspiegeln. Es überwiegen dunkle Töne und eine Reihe von Grautönen, die durch das Zusammenspiel von Sonnenlicht und Schatten verstärkt werden. Die Südfassade ist größtenteils transparent, offen für den Innenhof und den Blick auf die üppige Natur.

La conception de la X House reflète le mode de vie d'un jeune couple. La maison est située sur un petit terrain avec une orientation nord-sud. Desnivel a considéré ce défi comme une opportunité d'apprentissage pour optimiser l'espace, explorant la verticalité pour organiser les différentes pièces tout en générant différentes atmosphères. Le résultat est une maison qui met en valeur une connexion fluide entre l'intérieur et l'extérieur. Le rez-de-chaussée est conçu comme un espace social où toutes les activités quotidiennes se déroulent. Il s'ouvre sur une terrasse avec une piscine grâce à des portes coulissantes en verre sur deux côtés, permettant une généreuse luminosité et ventilation naturelle. La verticalité de la maison crée des vides qui enrichissent l'expérience spatiale et facilitent la ventilation croisée. Compositionnellement, la façade nord est segmentée pour faire écho à la configuration du plan d'étage. Les tons sombres et une gamme de gris prédominent, mis en valeur par l'interaction de la lumière du soleil et des ombres. La façade sud est principalement transparente, ouverte sur le patio et offrant des vues sur l'environnement naturel luxuriant.

El diseño de la Casa X refleja el estilo de vida de una joven pareja. La casa se asienta en un pequeño terreno con orientación norte-sur. Desnivel vio en este reto una oportunidad de aprendizaje para la optimización del espacio, explorando la verticalidad para organizar las distintas estancias a la vez que se generaban diferentes ambientes. El resultado es una casa en la que destaca una conexión perfecta entre el interior y el exterior. La planta baja se plantea como una zona social donde se desarrollan todas las actividades cotidianas. Se abre a una cubierta con piscina a través de puertas corredizas de cristal hacia los dos lados, lo que permite una generosa luz natural y ventilación. La verticalidad de la casa genera vacíos que enriquecen la experiencia espacial y facilitan la ventilación cruzada. Compositivamente, la fachada norte está segmentada para reflejar las configuraciones de la planta. Predominan los tonos oscuros y una gama de grises, realzados por la interacción de la luz solar y las sombras. La fachada sur es en su mayor parte transparente, abierta al patio y a las vistas del exuberante entorno natural.

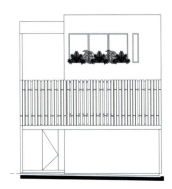

Main elevation

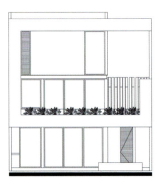

Back elevation

Section A-A'

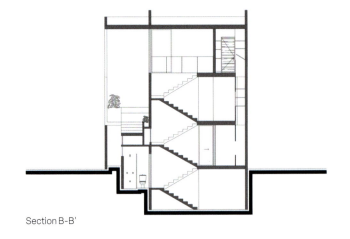

Section B-B'

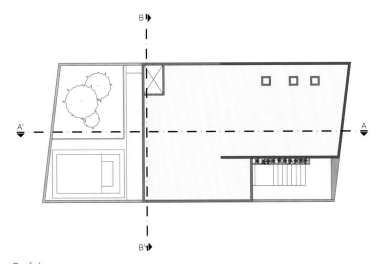

Roof plan

1. Cellar
2. Bathroom
3. Entry
4. Mechanical room
5. Pool washroom
6. Pool
7. Terrace
8. Living area
9. Bar
10. Laundry room
11. Garage
12. Access terrace
13. Dining area
14. Kitchen
15. Mechanical closet
16. Powder room
17. Bedroom
18. Walk-in closet
19. Primary bedroom
20. Primary bathroom

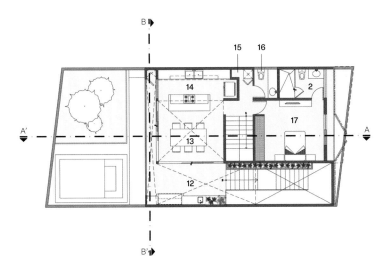

Second floor plan

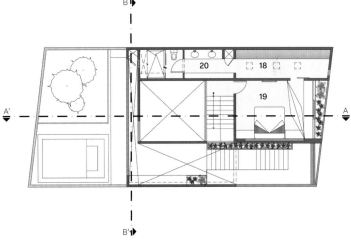

Third floor plan

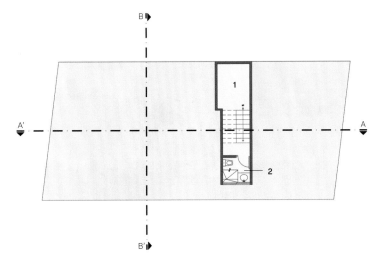

Basement floor plan

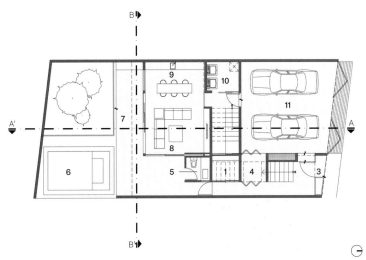

Ground floor plan

ONE D+B MIAMI ARCHITECTURE

One D+B Miami Architecture is driven by a deep passion for the art of thinking and making, which shapes every aspect of their work. Their approach to architecture emphasizes the seamless integration of materials, detail, and construction into the design process. This belief is at the core of their practice, informing every decision. Hugo Mijares, the firm's founding director, draws inspiration from his upbringing in Venezuela, where an inherent appreciation for nature, light, and the outdoors is ingrained in the culture. One D+B Miami Architecture identifies with modern and timeless values, seeking to create architecture that celebrates the harmonious indoor-outdoor connection while uniting purpose and beauty. Their architectural solutions are characterized by a straightforward and intuitively simple yet carry a sense of strength, elegance, and sustainability. Not only do the spaces they create serve their functional purposes, but they also uplift the human experience, leaving a positive impact on the communities they are a part of.

One D+B Miami Architecture wird von einer tiefen Leidenschaft für die Kunst des Denkens und Gestaltens angetrieben, die jeden Aspekt ihrer Arbeit prägt. Ihr architektonischer Ansatz betont die nahtlose Integration von Materialien, Details und Konstruktion in den Designprozess. Diese Überzeugung steht im Mittelpunkt ihrer Praxis und beeinflusst jede Entscheidung. Hugo Mijares, der Gründungsdirektor des Unternehmens, schöpft seine Inspiration aus seiner Kindheit in Venezuela, wo eine inhärente Wertschätzung für Natur, Licht und die Natur im Freien in der Kultur verwurzelt ist. One D+B Miami Architecture identifiziert sich mit modernen und zeitlosen Werten und strebt danach, Architektur zu schaffen, die die harmonische Verbindung von Innen und Außen feiert und Zweck und Schönheit vereint. Ihre architektonischen Lösungen zeichnen sich durch eine klare und intuitiv einfache Form aus, die jedoch eine Stärke, Eleganz und Nachhaltigkeit ausstrahlt. Die von ihnen geschaffenen Räume dienen nicht nur ihren funktionalen Zwecken, sondern bereichern auch die menschliche Erfahrung und hinterlassen einen positiven Einfluss auf die Gemeinschaften, zu denen sie gehören.

One D+B Miami Architecture est animé par une profonde passion pour l'art de la réflexion et de la création, qui façonne chaque aspect de leur travail. Leur approche de l'architecture met l'accent sur l'intégration harmonieuse des matériaux, des détails et de la construction dans le processus de conception. Cette croyance est au cœur de leur pratique, informant chaque décision. Hugo Mijares, directeur fondateur du cabinet, puise son inspiration dans son enfance au Venezuela, où une appréciation innée de la nature, de la lumière et de l'extérieur est ancrée dans la culture. One D+B Miami Architecture s'identifie à des valeurs modernes et intemporelles, cherchant à créer une architecture qui célèbre la connexion harmonieuse entre l'intérieur et l'extérieur tout en unifiant le dessein et la beauté. Leurs solutions architecturales se caractérisent par une simplicité directe et intuitive, mais portent en elles une impression de force, d'élégance et de durabilité. Non seulement les espaces qu'ils créent servent leurs fonctions, mais ils élèvent aussi l'expérience humaine, laissant une empreinte positive sur les communautés dont ils font partie.

One D+B Miami Architecture está impulsado por una profunda pasión por el arte de pensar y hacer, que da forma a todos los aspectos de su trabajo. Su enfoque de la arquitectura hace hincapié en la perfecta integración de materiales, detalles y construcción en el proceso de diseño. Esta creencia está en el centro de su práctica, informando cada decisión. Hugo Mijares, director fundador de la empresa, se inspira en su educación en Venezuela, donde la apreciación inherente por la naturaleza, la luz y el aire libre está arraigada en la cultura. One D+B Miami Architecture se identifica con valores modernos y atemporales, tratando de crear una arquitectura que celebre la conexión armoniosa entre interior y exterior, uniendo al mismo tiempo propósito y belleza. Sus soluciones arquitectónicas se caracterizan por ser sencillas e intuitivamente simples, pero con un sentido de fuerza, elegancia y sostenibilidad. Los espacios que crean no solo sirven a sus propósitos funcionales, sino que también elevan la experiencia humana, dejando un impacto positivo en las comunidades de las que forman parte.

201 PALM RESIDENCE

Architect: Hugo Mijares/ ONE D+B MIAMI ARCHITECTURE

Architectural Team: Jose Ramos, Tamara Cabrera, Andres Hollmann, Jeff Morr, Jennifer Kramer, Tomas Rojas, and Nora Ortega

Interior Designer: ONE D+B MIAMI ARCHITECTURE

Landscape Designer: ONE D+B MIAMI ARCHITECTURE and Andrés Tabora

Lighting Designer: ONE D+B MIAMI ARCHITECTURE and Delta Light

Structural Engineer: E+E Engineering

Builder: Venstyle

Kitchen Designer: Venetta Cucina

Finishes: Prosein USA

Photographer: © Devin Kay

BAY HARBOR RESIDENCE

Architect: Hugo Mijares/ ONE D+B MIAMI ARCHITECTURE

Architectural Team: Hugo Mijares, Robert Moerigh, Francisco Llado

Owner: Jennifer and Alberto Gross

Structural Engineer: Ysrael Seynuk, NY

General Contractor: Messelman Constructions

Photographer: © Fabio Ventresca

www.onedbmiami.com   onedbmiami

201 PALM RESIDENCE

Miami Beach, Florida, United States // Lot area: 8,000 sq ft; building area: 6,000 sq ft

In response to the clients' desire for a contemporary residence that reflects their unique personalities, tastes, and interests, a remarkable design emerges — a minimalistic sanctuary crafted from raw concrete, stone, and glass that seamlessly merges with the surrounding waterfront, embracing and framing the captivating landscape. This architectural marvel embodies a captivating interplay of contrasts, orchestrating a dance between density and sparseness, the marriage of concrete and vibrant vegetation, and the delicate intermingling of light and shadow. The contemporary residence, born from the desires and dreams of its inhabitants, stands as a testament to the artistry of architectural poetry. It breathes life into its surroundings, captivating the senses and fostering an indelible connection between its inhabitants and the splendor of the natural world. It is a sanctuary where modernity and tranquility coexist, an exquisite testament to the boundless possibilities of architectural expression.

Als Antwort auf den Wunsch der Kunden nach einer zeitgenössischen Residenz, die ihre einzigartigen Persönlichkeiten, Vorlieben und Interessen widerspiegelt, entsteht ein bemerkenswertes Design - ein minimalistisches Refugium aus rohem Beton, Stein und Glas, das nahtlos mit der umgebenden Wasserlandschaft verschmilzt und diese umarmt und einfängt. Dieses architektonische Meisterwerk verkörpert ein faszinierendes Wechselspiel von Kontrasten, das eine Tanz zwischen Dichte und Leere, die Verbindung von Beton und lebendiger Vegetation sowie das zarte Zusammenspiel von Licht und Schatten inszeniert. Die zeitgenössische Residenz, geboren aus den Wünschen und Träumen ihrer Bewohner, ist ein Zeugnis für die Kunst der architektonischen Poesie. Sie haucht ihrer Umgebung Leben ein, fasziniert die Sinne und fördert eine unvergessliche Verbindung zwischen ihren Bewohnern und der Pracht der natürlichen Welt. Es ist ein Refugium, in dem Moderne und Ruhe nebeneinander existieren, ein exquisiter Beweis für die grenzenlosen Möglichkeiten des architektonischen Ausdrucks.

En réponse au désir des clients d'une résidence contemporaine qui reflète leur personnalité unique, leurs goûts et leurs intérêts, un design remarquable émerge — un sanctuaire minimaliste conçu en béton brut, en pierre et en verre qui fusionne harmonieusement avec le littoral environnant, embrassant et encadrant le paysage captivant. Cette merveille architecturale incarne un jeu captivant de contrastes, orchestrant une danse entre densité et austérité, le mariage du béton et de la végétation vibrante et l'entrelacement délicat de la lumière et de l'ombre. La résidence contemporaine, née des désirs et des rêves de ses habitants, témoigne de l'art poétique de l'architecture. Elle insuffle la vie dans son environnement, captivant les sens et favorisant une connexion indélébile entre ses habitants et la splendeur du monde naturel. C'est un sanctuaire où la modernité et la tranquillité coexistent, un témoignage exquis des possibilités infinies de l'expression architecturale.

En respuesta al deseo de los clientes de tener una residencia contemporánea que reflejara sus personalidades, gustos e intereses únicos, surge un diseño extraordinario: un santuario minimalista construido con hormigón en bruto, piedra y cristal que se funde a la perfección con el paseo marítimo circundante, abrazando y enmarcando el cautivador paisaje. Esta maravilla arquitectónica encarna un encantador juego de contrastes, orquestando una danza entre densidad y escasez, la unión del hormigón y la vibrante vegetación, y la delicada mezcla de luces y sombras. Esta residencia contemporánea, nacida de los deseos y sueños de sus habitantes, es un testimonio del arte de la poesía arquitectónica. Insufla vida a su entorno, cautiva los sentidos y fomenta una conexión indeleble entre sus habitantes y el esplendor del mundo natural. Es un santuario donde coexisten la modernidad y la tranquilidad, un exquisito testimonio de las ilimitadas posibilidades de la expresión arquitectónica.

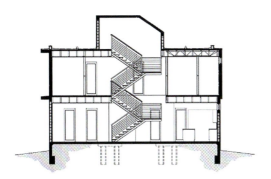

Cross section

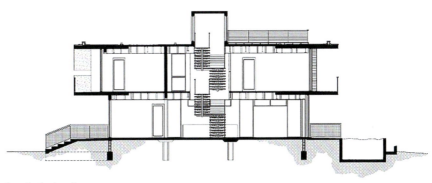

Longitudinal section

North elevation

East elevation

South elevation

West elevation

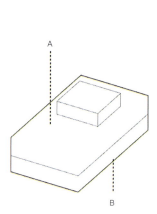
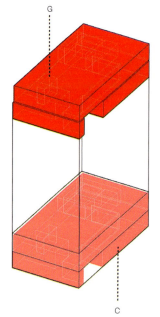
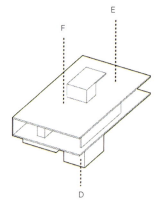

Massing diagram

A. Envelope
B. Open space
C. Public space
D. Super column
E. Glass
F. Concrete shell
G. Private space

Ground floor plan

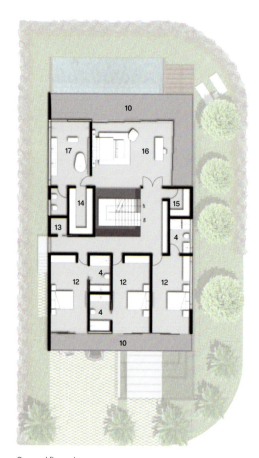

Second floor plan

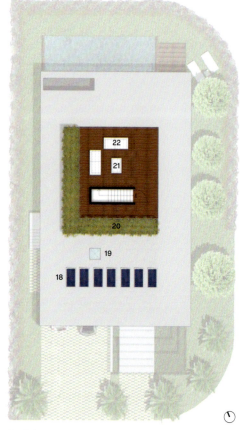

Roof plan

1. Entry
2. Hall
3. Studio
4. Bathroom
5. Dining room
6. Family room
7. Kitchen
8. Maid
9. Laundry room
10. Terrace
11. Pool
12. Bedroom
13. Mechanical room
14. Walk-in-closet
15. Closet
16. Master bedroom
17. Master bathroom
18. Solar Panels
19. Skylight
20. Edible garden
21. Fire pit
22. Pergola

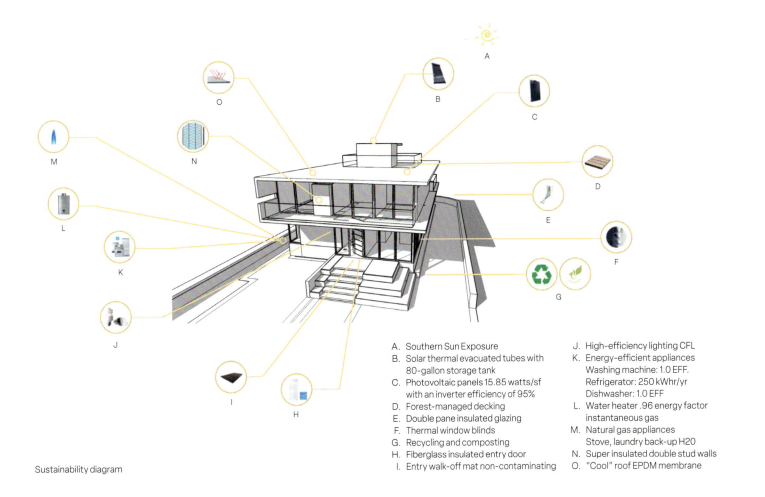

A. Southern Sun Exposure
B. Solar thermal evacuated tubes with 80-gallon storage tank
C. Photovoltaic panels 15.85 watts/sf with an inverter efficiency of 95%
D. Forest-managed decking
E. Double pane insulated glazing
F. Thermal window blinds
G. Recycling and composting
H. Fiberglass insulated entry door
I. Entry walk-off mat non-contaminating
J. High-efficiency lighting CFL
K. Energy-efficient appliances
   Washing machine: 1.0 EFF.
   Refrigerator: 250 kWhr/yr
   Dishwasher: 1.0 EFF
L. Water heater .96 energy factor instantaneous gas
M. Natural gas appliances
   Stove, laundry back-up H20
N. Super insulated double stud walls
O. "Cool" roof EPDM membrane

Sustainability diagram

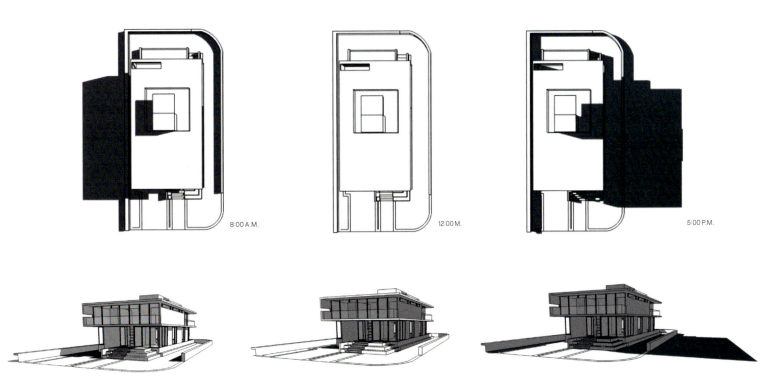

Sunlight analysis diagram

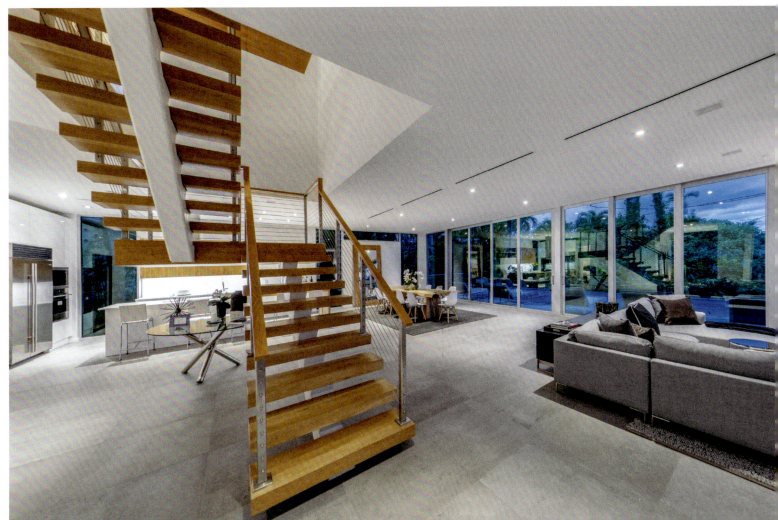

BAY HARBOR RESIDENCE

Miami Beach, Florida, United States // Lot area: 12,500 sq ft; building area: 6,000 sq ft

The Bay Harbor project, a testament to the exploration of modernist pavilions amidst a maritime setting, unfolds upon a majestic north-facing Biscayne Bay canvas. With distant vistas of the City skyline to the west and the bustling street to the south, this architectural endeavor embraces its surroundings with grace and ingenuity. Conceived as a homage to the previous 1959's house, the project artfully employs its footprint as a strategic planning and zoning maneuver, deftly responding to the challenges of the site and the constraints of the construction budget. The result is a passive solar design, a harmonious dance between architecture and nature, where functionality meets sustainability. In the realm of this architectural symphony, the radiant Florida sunlight emerges as a key player, casting its brilliance upon the stage. The play of light and shadow, a dance of luminescence, creates a sensory experience that transcends the physical realm, beckoning inhabitants to immerse themselves in a realm of tranquility and beauty.

Das Bay Harbor-Projekt, ein Beweis für die Erforschung modernistischer Pavillons inmitten einer maritimen Umgebung, entfaltet sich auf einer majestätischen, nach Norden ausgerichteten Leinwand der Biscayne Bay. Mit weitem Blick auf die Skyline der Stadt im Westen und die belebte Straße im Süden umarmt dieses architektonische Projekt seine Umgebung mit Anmut und Einfallsreichtum. Das als Hommage an das Vorgängerhaus aus dem Jahr 1959 konzipierte Projekt nutzt seinen Grundriss kunstvoll als strategische Planungs- und Zoneneinteilungsmaßnahme und reagiert geschickt auf die Herausforderungen des Standorts und die Zwänge des Baubudgets. Das Ergebnis ist ein passives Solardesign, ein harmonischer Tanz zwischen Architektur und Natur, bei dem Funktionalität auf Nachhaltigkeit trifft. Im Reich dieser architektonischen Symphonie tritt das strahlende Sonnenlicht Floridas als zentraler Akteur hervor und wirft seinen Glanz auf die Bühne. Das Spiel von Licht und Schatten, ein Tanz der Lumineszenz, schafft ein Sinneserlebnis, das über den physischen Bereich hinausgeht und die Bewohner dazu einlädt, in eine Welt der Ruhe und Schönheit einzutauchen.

Le projet Bay Harbor, témoignage de l'exploration de pavillons modernistes au milieu d'un décor maritime, se déploie sur une majestueuse toile de la baie de Biscayne orientée au nord. Avec des vues lointaines sur les toits de la ville à l'ouest et la rue animée au sud, cette entreprise architecturale embrasse son environnement avec grâce et ingéniosité. Conçu comme un hommage à la maison précédente de 1959, le projet utilise astucieusement son empreinte comme une manœuvre de planification stratégique et de zonage, répondant habilement aux défis du site et aux contraintes du budget de construction. Le résultat est une conception solaire passive, une danse harmonieuse entre l'architecture et la nature, où la fonctionnalité rencontre la durabilité. Dans le royaume de cette symphonie architecturale, le soleil radieux de la Floride apparaît comme un acteur clé, jetant son éclat sur la scène. Le jeu de la lumière et de l'ombre, une danse de luminescence, crée une expérience sensorielle qui transcende le domaine physique, invitant les habitants à s'immerger dans un royaume de tranquillité et de beauté.

El proyecto Bay Harbor, testimonio de la exploración de pabellones modernistas en medio de un entorno marítimo, se desarrolla sobre un majestuoso lienzo orientado al norte de la Bahía Vizcaína. Con vistas lejanas del horizonte de la ciudad hacia el oeste y la bulliciosa calle hacia el sur, este esfuerzo arquitectónico abraza su entorno con gracia e ingenio. Concebido como un homenaje a la casa anterior de 1959, el proyecto emplea ingeniosamente su huella como una maniobra de planificación estratégica y zonificación, respondiendo hábilmente a los desafíos del sitio y las limitaciones del presupuesto de construcción. El resultado es un diseño solar pasivo, una danza armoniosa entre la arquitectura y la naturaleza, donde la funcionalidad se encuentra con la sostenibilidad. En el ámbito de esta sinfonía arquitectónica, la radiante luz del sol de Florida emerge como un actor clave, arrojando su brillo sobre el escenario. El juego de luces y sombras, una danza de luminiscencia, crea una experiencia sensorial que trasciende el ámbito físico, invitando a los habitantes a sumergirse en un reino de tranquilidad y belleza.

Roof plan

Floor plan

1. Entry foyer
2. Family room
3. Bedroom
4. Bathroom
5. Master dressing room
6. Master bathroom
7. Master bedroom
8. Office
9. Living area
10. Dining area
11. Kitchen
12. Bar
13. Powder room
14. Guest apartment
15. Terrace
16. Private terrace
17. BBQ/lounge
18. Whirlpool/pool
19. Fire pit/lounge
20. Roof terrace

R79

R79 was founded in 2010 as an architecture workshop where active participation is encouraged, integration with other disciplines, and collaboration with other firms is essential for continuous updating. They develop projects ranging from small houses to master plans for large residential developments, recognizing that the level of commitment and responsibility is the same. R79, led by architect Roberto Ramírez Pizarro, carries out projects in the state capital and in the Mexican Southeast. Their works have been widely published nationally and internationally. Roberto Ramírez taught at the school where he graduated, the Universidad Marista de Mérida, until 2016. Since 2020, he is the founding teacher of the Academy of Advanced Architecture, a digital platform offering continuous education for students and professionals.

R79 wurde 2010 als Architekturwerkstatt gegründet, in der die aktive Teilnahme gefördert wird, die Integration mit anderen Disziplinen und die Zusammenarbeit mit anderen Büros für eine kontinuierliche Aktualisierung unerlässlich ist. Sie entwickeln Projekte, die von kleinen Häusern bis hin zu Masterplänen für große Wohnanlagen reichen, wobei der Grad des Engagements und der Verantwortung derselbe ist. R79, unter der Leitung des Architekten Roberto Ramírez Pizarro, führt Projekte in der Landeshauptstadt und im Südosten Mexikos durch. Ihre Arbeiten wurden auf nationaler und internationaler Ebene veröffentlicht. Bis 2016 unterrichtete er an der Schule, an der er seinen Abschluss gemacht hat, der Universidad Marista de Mérida. Seit 2020 ist er Mitbegründer der Academy of Advanced Architecture, einer digitalen Plattform für die Weiterbildung von Studenten und Fachleuten.

R79 a été fondé en 2010 en tant qu'atelier d'architecture encourageant la participation active, l'intégration avec d'autres disciplines et la collaboration avec d'autres entreprises pour une mise à jour continue. Ils développent des projets allant de petites maisons à des plans directeurs pour de grands développements résidentiels, reconnaissant que le niveau d'engagement et de responsabilité est le même. R79, dirigé par l'architecte Roberto Ramírez Pizarro, réalise des projets dans la capitale de l'État et dans le sud-est du Mexique. Leurs travaux ont été largement publiés à l'échelle nationale et internationale. Il a enseigné dans l'école où il a obtenu son diplôme, l'Universidad Marista de Mérida, jusqu'en 2016. Depuis 2020, il est le professeur fondateur de l'Academy of Advanced Architecture, une plateforme numérique proposant une éducation continue pour les étudiants et les professionnels.

R79 se fundó en 2010 como un taller de arquitectura donde se fomenta la participación activa, la integración con otras disciplinas y la colaboración con otras firmas es esencial para la actualización continua. Desarrollan proyectos que van desde pequeñas casas hasta planes maestros para grandes desarrollos residenciales, reconociendo que el nivel de compromiso y responsabilidad es el mismo. R79, dirigido por el arquitecto Roberto Ramírez Pizarro, realiza proyectos en la capital del estado y en el sureste mexicano. Sus obras han sido ampliamente publicadas a nivel nacional e internacional. Impartió clases en la escuela donde se graduó, la Universidad Marista de Mérida, hasta 2016. Desde 2020, es profesor fundador de la Academia de Arquitectura Avanzada, una plataforma digital que ofrece educación continua para estudiantes y profesionales.

SMYTH 139

Architectural Team: Roberto Ramírez Pizarro (head architect), Cristina Madera Medina, Gerardo Trejo López, Eduardo Vadillo Priego, Jorge Herrera Tolosa, and Alia Peraza Aguilar

Structural Engineer: PDE Ingeniería/Rodolfo Pascacio Sánchez

Landscape Designer: Servijardines/Roger Evia González

Lighting Designer: Luminica / Maribel Morales Hernández

General Contractor: Rodrigo Solis, José Irabién, Ricardo Irabién/R79 and ABC-Cancún

Photographer: © Sergio Ríos Pech

PAL'MAR 11.5

Architectural Team: Roberto Ramírez Pizarro (head architect), Gerardo Trejo, Santiago González, and Edgar Ojeda

Lighting Designer: Lumínica. Maribel Morales

General Contractor: Eduardo Solís + José Irabién, Ricardo Irabién/R79 and ABC- Cancún

Photographer: © Manolo R. Solís

r79.mx   r79.mx

SMYTH 139

Merida, Yucatan, Mexico // Lot area: 17,222 sq ft; building area: 8,615 sq ft

SMTYH 139 is a two-story house devised for a close friend and his family. The site faces a golf course in La Ceiba, a residential complex on the outskirts of Merida. The design breaks the long rectangular lot into bands, alternating voids, and masses: street, services, access, house, and garden. This approach sets the house away from the street to provide privacy and allow the interiors to open to the natural surroundings. The pedestrian access to the house is between the garage and a series of stepped reflecting ponds that set a contemplative mood and add a refreshing element. The existing trees become integral to the design, articulating the masses and providing shade. The serene atmosphere extends beyond the entry through a delightful use of materials, textures, and colors, conveying a feeling of being transported to a retreat away from the city's hustle and bustle.

SMTYH 139 ist ein zweistöckiges Haus, das für einen engen Freund und seine Familie entworfen wurde. Das Grundstück liegt gegenüber einem Golfplatz in La Ceiba, einer Wohnsiedlung am Stadtrand von Merida. Der Entwurf gliedert das lange, rechteckige Grundstück in Bänder, abwechselnde Leerräume und Massen: Straße, Erschließung, Zugang, Haus und Garten. Dieser Ansatz setzt das Haus von der Straße ab, um Privatsphäre zu schaffen und die Innenräume zur natürlichen Umgebung hin zu öffnen. Der Fußgängerzugang zum Haus befindet sich zwischen der Garage und einer Reihe von abgestuften, reflektierenden Teichen, die eine kontemplative Stimmung erzeugen und ein erfrischendes Element darstellen. Die vorhandenen Bäume werden zu einem integralen Bestandteil des Entwurfs, gliedern die Massen und spenden Schatten. Die ruhige Atmosphäre geht durch die reizvolle Verwendung von Materialien, Texturen und Farben über den Eingang hinaus und vermittelt das Gefühl, sich in einen Rückzugsort abseits der Hektik der Stadt zu begeben.

SMTYH 139 est une maison à deux étages conçue pour un ami proche et sa famille. Le site donne sur un parcours de golf à La Ceiba, un complexe résidentiel en périphérie de Mérida. La conception divise le terrain rectangulaire en bandes, alternant des espaces vides et des masses : rue, services, accès, maison et jardin. Cette approche éloigne la maison de la rue pour garantir l'intimité et permettre aux intérieurs de s'ouvrir sur l'environnement naturel. L'accès piéton à la maison se fait entre le garage et une série de bassins réfléchissants en gradins qui créent une ambiance contemplative et ajoutent un élément rafraîchissant. Les arbres existants font partie intégrante de la conception, articulant les masses et fournissant de l'ombre. L'atmosphère sereine s'étend au-delà de l'entrée grâce à une utilisation agréable des matériaux, des textures et des couleurs, créant une impression d'évasion loin de l'agitation de la ville.

SMTYH 139 es una casa de dos plantas concebida para un amigo íntimo y su familia. El solar da a un campo de golf en La Ceiba, un complejo residencial en las afueras de Mérida. El diseño divide el largo solar rectangular en bandas, alternando vacíos y masas: calle, servicios, acceso, casa y jardín. Este planteamiento aleja la casa de la calle para proporcionar privacidad y permitir que los interiores se abran al entorno natural. El acceso peatonal a la casa está entre el garaje y una serie de estanques escalonados que crean un ambiente contemplativo y añaden un elemento refrescante. Los árboles existentes se integran en el diseño, articulando las masas y proporcionando sombra. La atmósfera de serenidad se extiende más allá de la entrada gracias al delicioso uso de materiales, texturas y colores, que transmiten la sensación de transportarse a un retiro alejado del ajetreo de la ciudad.

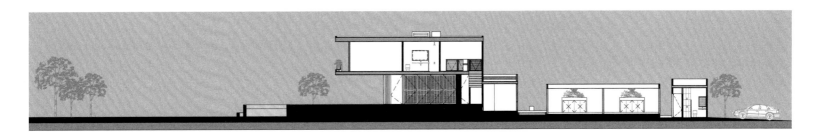
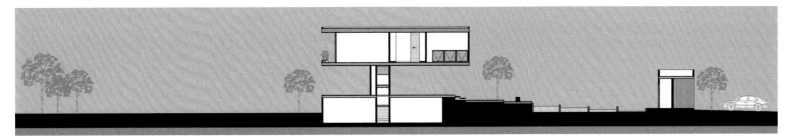

Sections

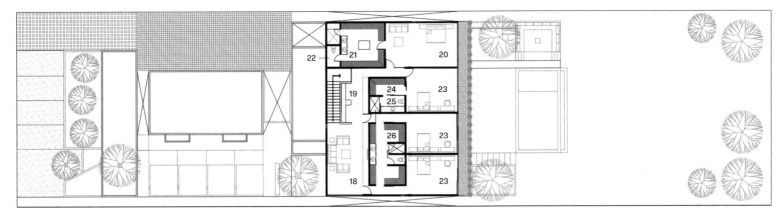

Second floor plan

Ground floor plan

1. Parking
2. Cellar
3. Maid's quarters
4. Office
5. Garage
6. Reflecting pool
7. Patio
8. Living/dining area
9. Laundry room
10. Service patio
11. Kitchen
12. Family room
13. Terrace
14. Outdoor sitting area
15. Spa
16. Pool
17. Pool area washroom
18. Entertainment center
19. Studio
20. Master bedroom
21. Master dressing room
22. Master bathroom
23. Bedroom
24. Closet
25. Bathroom
26. Walk-in closet/bathroom

PAL'MAR 11.5

Chicxulub, Yucatan, Mexico // Lot area: 5,166 sq ft; building area: 6,393 sq ft

This house on the Yucatan coast is an exercise that has many conditioning factors, such as a small fronted lot in the second row of houses facing the sea. An abundance of palm trees of diverse ages and heights set the design tone, generating a visual and physical bond between architecture and nature. The main living spaces are raised one story taking in the views of the vegetation below and the sea beyond. A wall-hidden system of doors on two sides opens the interior to the outdoors. The upper level has three rooms articulated by the family room. The material pallet is simple: concrete, wood, and glass. Exposed concrete slabs accentuate the horizontality of the house. Wooden pergola and paneled ceiling add warmth. The walls are white to the exterior but inside. *cumaru* panels harmonize with the railings using the same chromatic color range.

Dieses Haus an der Küste von Yucatan ist eine Übung, die durch viele Faktoren begünstigt wird, wie z. B. durch ein kleines Grundstück in der zweiten Reihe der Häuser, die zum Meer hin ausgerichtet sind. Eine Fülle von Palmen unterschiedlichen Alters und unterschiedlicher Höhe geben den Ton an und schaffen eine visuelle und physische Verbindung zwischen Architektur und Natur. Die Hauptwohnräume sind um ein Stockwerk erhöht, um den Blick auf die darunter liegende Vegetation und das dahinter liegende Meer zu ermöglichen. Ein in der Wand verborgenes System von Türen auf zwei Seiten öffnet das Innere nach außen. Das Obergeschoss besteht aus drei Räumen, die durch das Familienzimmer miteinander verbunden sind. Die Materialpalette ist einfach: Beton, Holz und Glas. Freigelegte Betonplatten betonen die Horizontalität des Hauses. Eine hölzerne Pergola und eine getäfelte Decke sorgen für Wärme. Die Wände sind nach außen hin weiß, aber innen. Die *Cumaru*-Paneele harmonieren mit den Geländern, die in der gleichen Farbpalette gehalten sind.

Cette maison sur la côte du Yucatan est un exercice qui présente de nombreux facteurs de contrainte, tels qu'un petit terrain en deuxième rangée face à la mer. Une abondance de palmiers de différentes tailles et hauteurs définit le ton de la conception, créant un lien visuel et physique entre l'architecture et la nature. Les principaux espaces de vie sont surélevés d'un étage pour profiter de la vue sur la végétation en dessous et la mer au-delà. Un système de portes dissimulées dans le mur s'ouvre sur l'extérieur sur deux côtés, permettant une ouverture de l'intérieur vers l'extérieur. Le niveau supérieur comprend trois chambres articulées par la salle familiale. Le choix des matériaux est simple : béton, bois et verre. Les dalles de béton apparent renforcent l'horizontalité de la maison. Une pergola en bois et un plafond lambrissé ajoutent de la chaleur. Les murs sont blancs à l'extérieur mais à l'intérieur. Les panneaux de *cumaru* s'harmonisent avec les garde-corps en utilisant la même gamme de couleurs chromatiques.

Esta casa en la costa yucateca es un ejercicio que cuenta con muchas condicionantes, como un pequeño lote frontal en la segunda fila de casas frente al mar. Una abundancia de palmeras de diversas edades y alturas marcan la pauta del diseño, generando un vínculo visual y físico entre arquitectura y naturaleza. Los principales espacios habitables se elevan una planta para disfrutar de las vistas de la vegetación y el mar. Un sistema de puertas ocultas en la pared a dos lados abre el interior al exterior. El nivel superior cuenta con tres habitaciones articuladas por el salón familiar. La paleta de materiales es sencilla: hormigón, madera y vidrio. Las losas de hormigón visto acentúan la horizontalidad de la casa. La pérgola de madera y el techo panelado añaden calidez. Las paredes son blancas en el exterior, pero en el interior. Los paneles de cumarú armonizan con las barandillas utilizando la misma gama cromática.

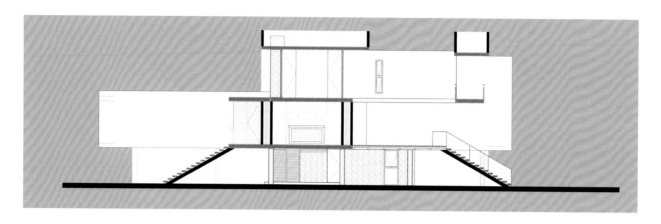
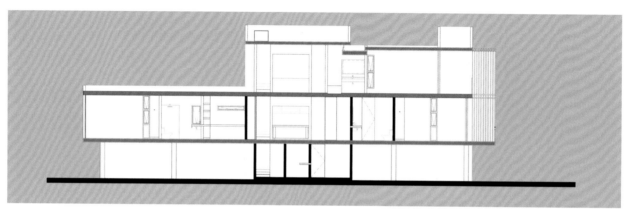

Sections

1. Terrace
2. Service
3. Foyer
4. Cellar
5. Outdoor washroom
6. Storage
7. Kitchen
8. Back kitchen
9. Living/dining area
10. Bedroom
11. Bathroom
12. Balcony
13. Lounge

Ground floor plan   Second floor plan   Third floor plan

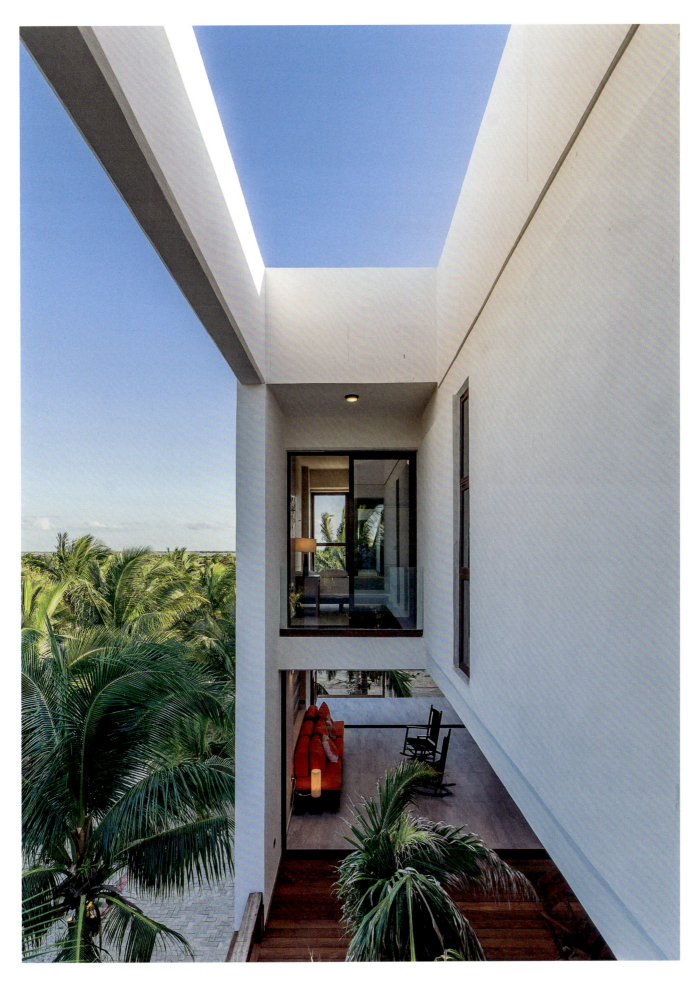

Hlevel Architecture

Hlevel Architecture is a Naples, Florida-based boutique firm run by the husband-wife team Michaela and Brandt Henning. Founded in 2011, the firm designs contemporary spaces along the Gulf Coast in Florida, as well as other US states, Central America and Europe. It has gained recognition by receiving several Design Awards and being featured in published articles. Michaela's Italian roots, blended with Brandt's upbringing in a family of architects and artists from the American Midwest, have shaped their philosophy and design aesthetics. The team's experience is diverse in project type and scale, including commercial, hospitality, residential, interiors, and urban planning. The firm focuses on unique and modern projects emphasizing sustainability and the projects' natural context. Ultimately, their goal is to create thoughtful, beautiful, and inviting spaces for the end user.

Hlevel Architecture ist ein Boutique-Büro in Naples, Florida, das von dem Ehepaar Michaela und Brandt Henning geleitet wird. Das 2011 gegründete Büro entwirft zeitgenössische Räume entlang der Golfküste in Florida sowie in anderen US-Bundesstaaten, Mittelamerika und Europa. Das Büro hat bereits mehrere Designpreise erhalten und wurde in zahlreichen Artikeln vorgestellt. Michaelas italienische Wurzeln und Brandts Aufwachsen in einer Familie von Architekten und Künstlern aus dem Mittleren Westen der USA haben ihre Philosophie und Designästhetik geprägt. Die Erfahrungen des Teams sind vielfältig, was die Art und den Umfang der Projekte betrifft, darunter Gewerbe, Gastgewerbe, Wohnhäuser, Innenräume und Stadtplanung. Das Büro konzentriert sich auf einzigartige und moderne Projekte, bei denen Nachhaltigkeit und der natürliche Kontext der Projekte im Vordergrund stehen. Letztendlich ist es ihr Ziel, durchdachte, schöne und einladende Räume für den Endverbraucher zu schaffen.

Hlevel Architecture est une entreprise de petite taille basée à Naples, en Floride, dirigée par le couple Michaela et Brandt Henning. Fondée en 2011, l'entreprise conçoit des espaces contemporains le long de la côte du golfe de Floride, ainsi que dans d'autres États américains, en Amérique centrale et en Europe. Elle a été reconnue en recevant plusieurs prix de design et en étant présentée dans des articles publiés. Les origines italiennes de Michaela, associées à l'éducation de Brandt au sein d'une famille d'architectes et d'artistes du Midwest américain, ont façonné leur philosophie et leur esthétique de conception. L'expérience de l'équipe est diversifiée en termes de types et d'échelles de projets, comprenant des projets commerciaux, d'accueil, résidentiels, d'intérieurs et d'urbanisme. L'entreprise se concentre sur des projets uniques et modernes mettant l'accent sur la durabilité et le contexte naturel des projets. En fin de compte, leur objectif est de créer des espaces réfléchis, beaux et accueillants pour l'utilisateur final.

Hlevel Architecture es un estudio boutique con sede en Naples, Florida, dirigida por el equipo de marido y mujer Michaela y Brandt Henning. Fundada en 2011, la firma diseña espacios contemporáneos a lo largo de la Costa del Golfo en Florida, así como en otros estados de Estados Unidos, América Central y Europa. Ha obtenido reconocimiento al recibir varios premios de diseño y aparecer en artículos de prensa. Las raíces italianas de Michaela, mezcladas con la educación de Brandt en una familia de arquitectos y artistas del Medio Oeste estadounidense, han dado forma a su filosofía y estética de diseño. La experiencia del equipo es diversa en cuanto a tipo y escala de los proyectos: comerciales, hostelería, residenciales, interiores y urbanismo. La empresa se centra en proyectos únicos y modernos que hacen hincapié en la sostenibilidad y el contexto natural de los proyectos. En última instancia, su objetivo es crear espacios reflexivos, bellos y acogedores para el usuario final.

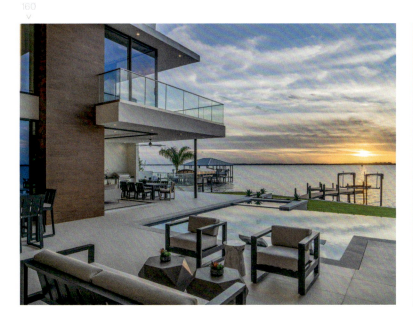

CALOOSAHATCHEE RESIDENCE

Architecture and Interior Design: Hlevel Architecture
Interior Decorating: Decorators Unlimited
Structural Engineer: Chris Miller/Southern Engineering
General Contractor: Trigon Builders
Owners: Sualy Guerrero, MD, Israel Gerrero, MD
Photographer: © Venjhamin Reyes

MODULAR HOME

Architecture and Interior Design: Hlevel Architecture
General Contractor: Seacoast Construction
Photographer: © Rosebudz Poductions

www.hlevel.info   hlevelarch

CALOOSAHATCHEE RESIDENCE

Fort Myers, Florida, United States // Lot area: 20,738 sq ft; building area: 8,160 sq ft

This home is situated along the Caloosahatchee River, Fort Myers, an affluent community known for its beautiful coastal sunsets. While the neighborhood boasts mainly Spanish-Revival style homes, the client, a cardiologist couple who had immigrated from Cuba years before, asked for a modernist design that would blend into the softer builds of the neighborhood. The couple also wished for the new home to be as close to the water as possible, where they could enjoy the breeze and views of the river. Built according to the latest hurricane and flood plain codes set by the local jurisdictions, the area closest to the riverbank has breakaway walls. The first floor is set above the latest sea-level rise predictions. The entire home is constructed with solid concrete walls and roofs, as well as impact-rated windows and doors that will withstand 175 mile-per-hour winds (equivalent to a Category-5 Hurricane). The home's interior exudes casual luxury with an almost seamless transition from the front entry to the back deck, celebrating the west views toward the water.

Dieses Haus liegt am Caloosahatchee River in Fort Myers, einer wohlhabenden Gemeinde, die für ihre wunderschönen Sonnenuntergänge an der Küste bekannt ist. Während in der Nachbarschaft hauptsächlich Häuser im spanischen Revival-Stil stehen, wünschte sich der Bauherr, ein Kardiologen-Ehepaar, das vor Jahren aus Kuba eingewandert war, ein modernistisches Design, das sich in die weichere Bauweise der Nachbarschaft einfügt. Das Paar wünschte sich außerdem, dass das neue Haus so nah wie möglich am Wasser liegen sollte, damit sie die Brise und den Blick auf den Fluss genießen können. Das Haus wurde nach den neuesten Hurrikan- und Überschwemmungsvorschriften der örtlichen Behörden gebaut, und der Bereich, der dem Flussufer am nächsten liegt, hat abbrechbare Wände. Der erste Stock liegt über den neuesten Vorhersagen zum Anstieg des Meeresspiegels. Das gesamte Haus besteht aus massiven Betonwänden und -dächern sowie aus stoßfesten Fenstern und Türen, die Windstärken von 175 Meilen/Stunde standhalten (was einem Hurrikan der Kategorie 5 entspricht). Das Innere des Hauses strahlt lässigen Luxus aus, mit einem fast nahtlosen Übergang vom vorderen Eingang zur hinteren Terrasse, die den Blick nach Westen auf das Wasser freigibt.

Cette maison est située le long de la rivière Caloosahatchee, à Fort Myers, une communauté aisée réputée pour ses magnifiques couchers de soleil en bord de mer. Alors que le quartier compte principalement des maisons de style espagnol-révival, le client, un couple de cardiologues qui avaient immigré de Cuba plusieurs années auparavant, a demandé un design moderniste qui se fondrait dans les constructions plus douces du quartier. Le couple souhaitait également que la nouvelle maison soit aussi proche de l'eau que possible, où ils pourraient profiter de la brise et de la vue sur la rivière. Construite conformément aux dernières normes de construction contre les ouragans et les inondations établies par les autorités locales, la zone la plus proche de la rive de la rivière dispose de murs amovibles. Le rez-de-chaussée est surélevé par rapport aux prévisions de montée du niveau de la mer les plus récentes. L'ensemble de la maison est construit avec des murs et des toits en béton massif, ainsi que des fenêtres et des portes résistantes aux impacts, capables de résister à des vents de 175 miles par heure (équivalent à un ouragan de catégorie 5). L'intérieur de la maison respire le luxe décontracté avec une transition presque sans couture de l'entrée avant à la terrasse arrière, célébrant les vues vers l'ouest en direction de l'eau.

Esta casa está situada junto al río Caloosahatchee, en Fort Myers, una comunidad acomodada conocida por sus hermosas puestas de sol costeras. Aunque en el barrio predominan las casas de estilo renacentista español, el cliente, una pareja de cardiólogos que había emigrado de Cuba años atrás, pidió un diseño modernista que se integrara en las construcciones más suaves del barrio. La pareja también deseaba que la nueva casa estuviera lo más cerca posible del agua, donde pudieran disfrutar de la brisa y las vistas al río. Construida de acuerdo con los últimos códigos sobre huracanes y llanuras aluviales establecidos por las jurisdicciones locales, la zona más cercana a la orilla del río tiene muros de separación. La primera planta está por encima de las últimas predicciones sobre la subida del nivel del mar. Toda la casa está construida con sólidos muros y tejados de hormigón, así como con ventanas y puertas resistentes a vientos de 175 millas por hora (equivalentes a un huracán de categoría 5). El interior de la casa desprende un lujo desenfadado, con una transición casi perfecta desde la entrada principal hasta la terraza trasera, que celebra las vistas al oeste, hacia el agua.

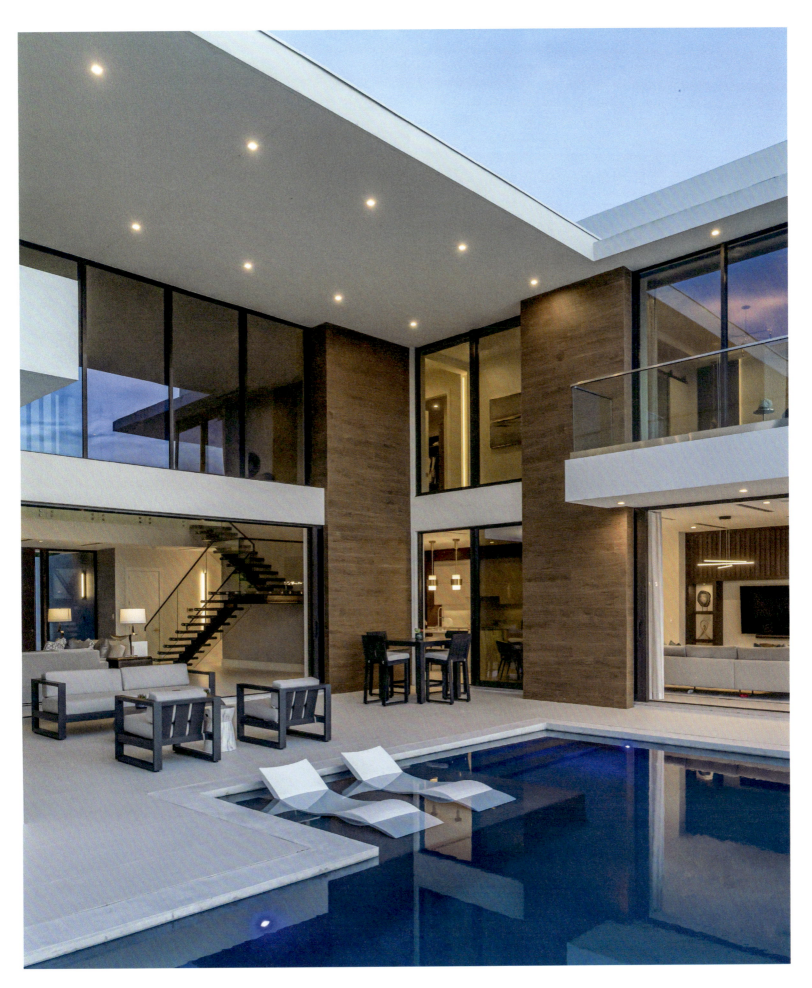

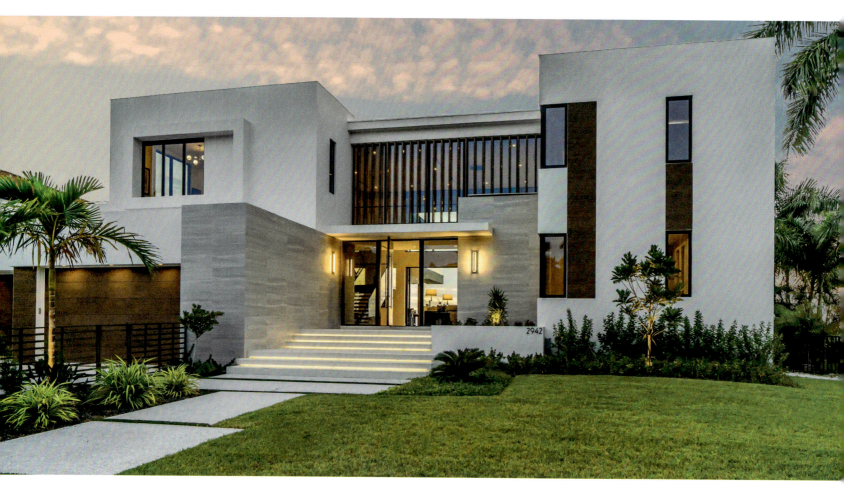
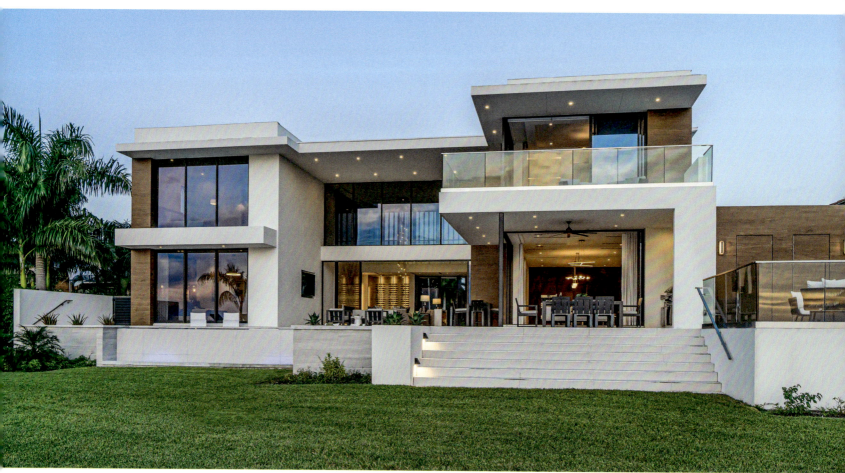

Site plan

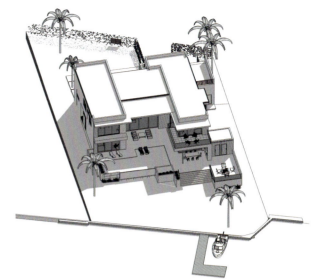

Perspective view

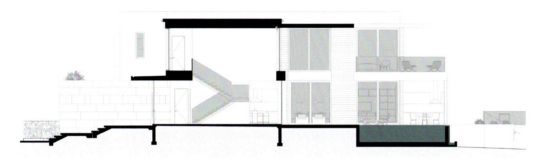

East-west section through the living area (kitchen beyond)

Ground floor plan

Second floor plan

1. Entry
2. Elevator
3. Garage
4. Powder room
5. Pantry
6. Kitchen
7. Dining area
8. Family room
9. Bathroom
10. Sauna
11. Outdoor dining
12. Living room
13. Outdoor lounge
14. En suite bedroom
15. Bedroom
16. Closet
17. Terrace
18. Owner's suite/bathroom
19. Master closet
20. Office
21. Laundry room
22. Home theater
23. Exercise room
24. Side yard

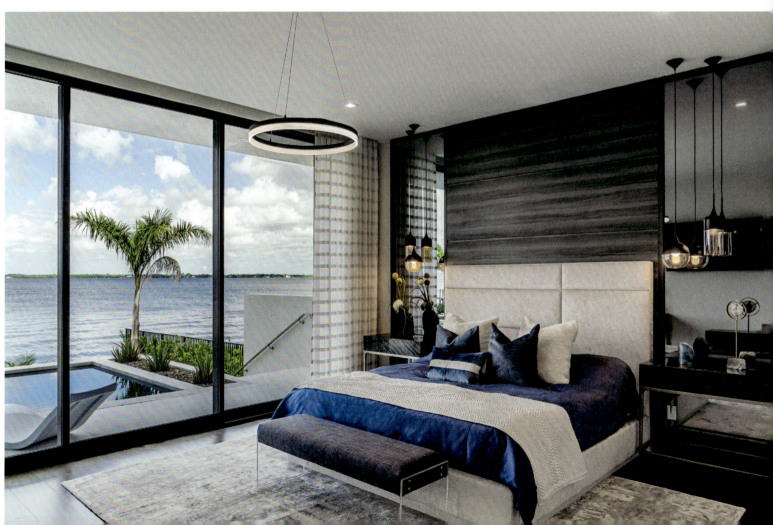

MODULAR HOME

Naples, Florida, United States // Lot area: 10,000 sq ft; building area: 1,200 sq ft A/C, 484 sq ft NON A/C

Naples, Florida, with its thriving residential construction market, has seen land and construction prices increase dramatically over the past years. The market has become saturated with large homes that are overpriced, lack individual character, and show little thought about problems such as affordability and environmental concerns. This compact home proves that single-family residences can be unique, affordable, and sustainable. Its modular design will be a prototype and/or catalyst for future homes, accessory dwelling units, or elderly housing that provide functionality and flexibility while offering a solution to current housing and environmental issues. A simple plan is organized around a rectangle with two voids (a covered porch and carport) for maximum efficiency. There are two basic modules. The first has an open living/kitchen extending to a covered deck. The second houses a master suite with views of the pool, a centrally located den, and another bedroom with an adjacent bathroom.

Naples, Florida, mit seinem florierenden Wohnungsbaumarkt, hat in den letzten Jahren einen dramatischen Anstieg der Grundstücks- und Baupreise erlebt. Der Markt ist gesättigt mit großen Häusern, die überteuert sind, denen es an individuellem Charakter fehlt und die wenig Rücksicht auf Probleme wie Erschwinglichkeit und Umweltbelange nehmen. Dieses kompakte Haus beweist, dass Einfamilienhäuser einzigartig, erschwinglich und nachhaltig sein können. Seine modulare Bauweise wird als Prototyp und/oder Katalysator für zukünftige Häuser, zusätzliche Wohneinheiten oder Seniorenwohnungen dienen, die Funktionalität und Flexibilität bieten und gleichzeitig eine Lösung für aktuelle Wohn- und Umweltprobleme darstellen. Ein einfacher Plan ist um ein Rechteck mit zwei Zwischenräumen (eine überdachte Veranda und ein Carport) organisiert, um maximale Effizienz zu erreichen. Es gibt zwei Grundmodule. Das erste besteht aus einer offenen Wohnküche, die sich bis zu einer überdachten Terrasse erstreckt. Das zweite beherbergt eine Master-Suite mit Blick auf den Pool, ein zentral gelegenes Arbeitszimmer und ein weiteres Schlafzimmer mit angrenzendem Bad.

Naples, en Floride, avec son marché de la construction résidentielle florissant, a connu une augmentation spectaculaire des prix des terrains et de la construction au cours des dernières années. Le marché s'est saturé de grandes maisons surévaluées, manquant de caractère individuel et ne tenant guère compte de problèmes tels que l'accessibilité financière et les préoccupations environnementales. Cette maison compacte prouve que les résidences unifamiliales peuvent être uniques, abordables et durables. Sa conception modulaire servira de prototype et/ou de catalyseur pour les futures maisons, les unités d'habitation accessoires ou les logements pour personnes âgées, offrant fonctionnalité et flexibilité tout en apportant une solution aux problèmes actuels de logement et d'environnement. Le plan simple est organisé autour d'un rectangle avec deux vides (une véranda couverte et un abri pour voiture) pour une efficacité maximale. Il y a deux modules de base. Le premier comprend un espace de vie/cuisine ouvert s'étendant vers une terrasse couverte. Le second abrite une suite parentale avec vue sur la piscine, un bureau situé au centre et une autre chambre avec une salle de bains adjacente.

Naples, Florida, con su próspero mercado de la construcción residencial, ha visto aumentar drásticamente los precios del suelo y de la construcción en los últimos años. El mercado se ha saturado de grandes casas que tienen un precio excesivo, carecen de carácter individual y muestran poca consideración por problemas como la asequibilidad y los problemas medioambientales. Esta casa compacta demuestra que las viviendas unifamiliares pueden ser únicas, asequibles y sostenibles. Su diseño modular será un prototipo y/o catalizador para futuras viviendas, unidades de vivienda accesorias o viviendas para ancianos que proporcionen funcionalidad y flexibilidad al tiempo que ofrecen una solución a los problemas actuales de vivienda y medio ambiente. El sencillo plano se organiza en torno a un rectángulo con dos huecos (un porche cubierto y un aparcamiento) para lograr la máxima eficiencia. Hay dos módulos básicos. El primero tiene un salón-cocina abierto que se extiende a una terraza cubierta. El segundo alberga una suite principal con vistas a la piscina, un estudio situado en el centro y otro dormitorio con un cuarto de baño adyacente.

Front elevation

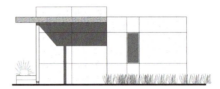

Side elevation

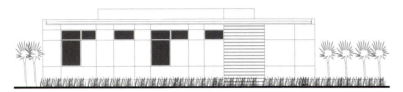

Rear elevation

Side elevation

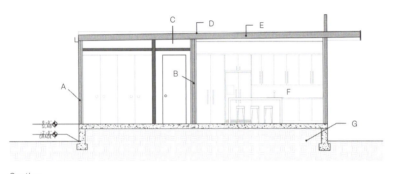

Section

A. 4" SIP wall panel with one ⁵⁄₈"
   furring channel with ½" drywall
B. Bearing wall
C. A.C. chase
D. ⅛" in 12 roof pitch
E. 8" SIP roof panel
F. Living/kitchen
G. Fill

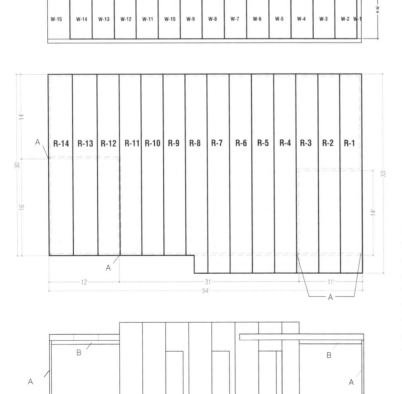

Hawthorne SIPS

Hlevel Architecture developed alternative construction methods to provide options depending on material availability and costs. These alternatives include concrete stem wall/slab; Steel Structural Insulated Panels (SIPS) walls (alternatively CMU block) with fine sand stucco finish; SIPS roof system (alternatively pre-engineered wood trusses with built-up roof), 1/8" slope; concrete deck; wooden slatted sliding panels; and impact/low-E windows and doors.

A. 4" x 4" steel column
B. 8" steel beam

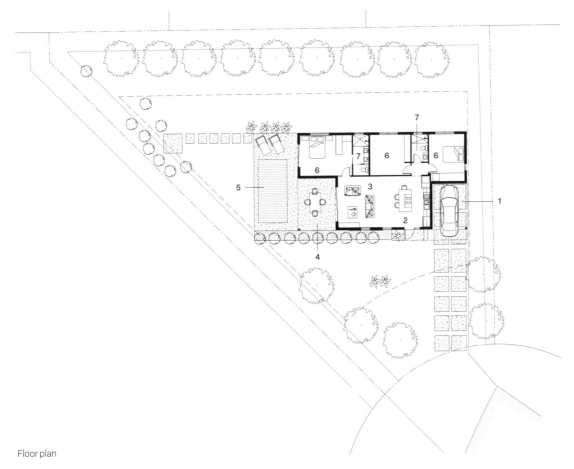

Floor plan

1. Carport
2. Kitchen/dining area
3. Living area
4. Outdoor dining area
5. Pool
6. Bedroom
7. Bathroom

GERBILSKY WAINBERG ARQUITECTOS

The firm, led by Luciano Gerbilsky and Sandra Wainberg, searches for ways to do things differently, convinced that exploration is a hallmark within their profession. Within this endless search, they strive to create each project with an atmosphere of elegance, studying the site and its materials and allowing them to incorporate them into the natural landscape. Their interior design reflects a sophisticated and warm environment, caring for even the smallest detail. Following a specific style is not a priority. Instead, the team prefers the freedom and opportunity of creating something distinct.

Das von Luciano Gerbilsky und Sandra Wainberg geleitete Büro sucht nach Wegen, die Dinge anders zu machen, in der Überzeugung, dass die Erforschung ein Markenzeichen unseres Berufs ist. Im Rahmen dieser endlosen Suche streben sie danach, jedes Projekt mit einer eleganten Atmosphäre zu gestalten, indem sie den Ort und seine Materialien studieren und sie in die natürliche Landschaft einfügen. Ihre Innenarchitektur spiegelt eine raffinierte und warme Umgebung wider, wobei sie auch auf das kleinste Detail achten. Einem bestimmten Stil zu folgen, ist nicht vorrangig. Stattdessen bevorzugt das Team die Freiheit und die Möglichkeit, etwas Eigenes zu schaffen.

Le cabinet, dirigé par Luciano Gerbilsky et Sandra Wainberg, cherche des façons de faire les choses différemment, convaincu que l'exploration est une caractéristique essentielle de leur profession. Dans cette recherche incessante, ils s'efforcent de créer chaque projet avec une atmosphère d'élégance, en étudiant le site et ses matériaux, et en leur permettant de s'intégrer dans le paysage naturel. Leur design intérieur reflète un environnement sophistiqué et chaleureux, en prenant soin du moindre détail. Suivre un style spécifique n'est pas une priorité. Au lieu de cela, l'équipe préfère la liberté et l'opportunité de créer quelque chose de distinct.

El despacho dirigido por Luciano Gerbilsky y Sandra Waniberg busca formas de hacer las cosas de manera diferente, convencidos en que la exploración es un sello distintivo que conlleva esta profesión. En el marco de esta búsqueda incesante, se esfuerzan por crear cada proyecto con una atmósfera de elegancia, estudiando el sitio y sus materiales para ser incorporados al paisaje natural. El diseño de interiores refleja un ambiente sofisticado y cálido, cuidando hasta el más mínimo detalle. Seguir un estilo en particular no es una prioridad. En su lugar, el equipo prefiere la libertad y la oportunidad de crear algo distinto.

ARTHOUSE

Architect: Luciano Gerbilsky and Sandra Wainberg/ Gerbilsky Wainberg Arquitectos

Photographers: © Héctor Velasco Facio

MIAMI PENINSULA

Architect: Luciano Gerbilsky and Sandra Wainberg/ Gerbilsky Wainberg Arquitectos

Photographer: © Moris Moreno Photography

gerbilsky.com   luciano_gerbilsky_arquitectos

ARTHOUSE

Tulum, Quintana Roo, Mexico // Lot area: 8,935 sq ft; building area: 22,820 sq ft

This project is located in the jungle of Tulum near the coastal strip, surrounded by an exuberant natural environment. The design reflects the local culture and experiences to capture the essence of this magical place. The result is translated into three rectilinear volumes reminiscent of Mayan architectural forms. A circulation axis serves as the core of the building, while a full-height entry lobby connects the volumes horizontally and vertically, enriching the spatial experience. The building has nine units — divided into six types — with unparalleled views of the jungle. As the building rises, the levels set back, generating balconies and terraces with pools. Volcanic stone and exposed concrete stained in dark earth tones help integrate the building into its natural surroundings. The interior finishes, materials, and textures express a simple yet sophisticated language that echoes the extraordinary natural world outside, from the deep colors of the jungle to the vivid blue of the sea.

Dieses Projekt befindet sich im Dschungel von Tulum in der Nähe des Küstenstreifens, umgeben von einer üppigen natürlichen Umgebung. Der Entwurf spiegelt die lokale Kultur und die Erfahrungen wider, um das Wesen dieses magischen Ortes einzufangen. Das Ergebnis ist in drei geradlinige Volumen übersetzt, die an architektonische Formen der Maya erinnern. Eine Erschließungsachse dient als Kern des Gebäudes, während eine raumhohe Eingangslobby die Volumen horizontal und vertikal miteinander verbindet und das Raumerlebnis bereichert. Das Gebäude verfügt über neun Einheiten - aufgeteilt in sechs Typen - mit unvergleichlichem Blick auf den Dschungel. Während das Gebäude in die Höhe wächst, weichen die Ebenen zurück, wodurch Balkone und Terrassen mit Pools entstehen. Vulkangestein und in dunklen Erdtönen gefärbter Sichtbeton tragen dazu bei, das Gebäude in seine natürliche Umgebung zu integrieren. Die Innenausstattungen, Materialien und Texturen drücken eine einfache, aber raffinierte Sprache aus, die die außergewöhnliche natürliche Welt draußen widerspiegelt, von den tiefen Farben des Dschungels bis zum leuchtenden Blau des Meeres.

Ce projet est situé dans la jungle de Tulum, près de la bande côtière, entouré d'un environnement naturel exubérant. Le design reflète la culture locale et les expériences pour capturer l'essence de ce lieu magique. Le résultat se traduit en trois volumes rectilignes rappelant les formes architecturales mayas. Un axe de circulation sert de cœur du bâtiment, tandis qu'un hall d'entrée à double hauteur relie les volumes horizontalement et verticalement, enrichissant l'expérience spatiale. Le bâtiment compte neuf unités, réparties en six types, avec des vues incomparables sur la jungle. À mesure que le bâtiment s'élève, les niveaux reculent, générant des balcons et des terrasses avec des piscines. La pierre volcanique et le béton apparent teinté de tons terre sombres aident à intégrer le bâtiment dans son environnement naturel. Les finitions intérieures, les matériaux et les textures expriment un langage simple mais sophistiqué qui fait écho au monde naturel extraordinaire à l'extérieur, des couleurs profondes de la jungle au bleu vif de la mer.

Este proyecto está situado en la selva de Tulum, cerca de la franja costera, rodeado de un exuberante entorno natural. El diseño refleja la cultura y las experiencias locales para captar la esencia de este mágico lugar. El resultado se traduce en tres volúmenes rectilíneos que recuerdan las formas arquitectónicas mayas. Un eje de circulación sirve de núcleo del edificio, mientras que un vestíbulo de entrada a toda altura conecta los volúmenes horizontal y verticalmente, enriqueciendo la experiencia espacial. El edificio cuenta con nueve unidades -divididas en seis tipos- con vistas incomparables de la selva. A medida que el edificio se eleva, los niveles se retranquean, generando balcones y terrazas con piscinas. La piedra volcánica y el hormigón visto teñido en tonos tierra oscuros ayudan a integrar el edificio en su entorno natural. Los acabados interiores, los materiales y las texturas expresan un lenguaje sencillo, pero sofisticado que se hace eco del extraordinario mundo natural exterior, desde los colores profundos de la selva hasta el azul vivo del mar.

Computer-generated exterior views

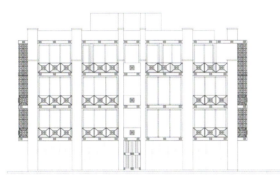

North elevation

Section facing north

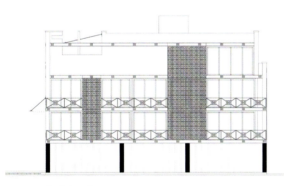

East elevation

Section facing south

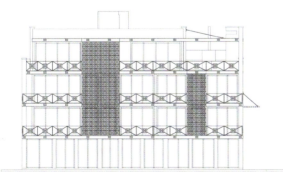

West elevation

Pool area gate

Unit 201 floor plan

Second level floor plan

Main elevation

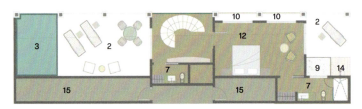

Unit 303 Penthouse floor plan (third level)

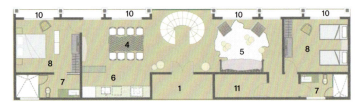

Unit 303 Penthouse floor plan (third level)

Third level floor plan

Fourth level floor plan

Rear elevation

Unit 102 floor plan

Main elevation

Unit 103 floor plan

Ground level floor plan

Ground level floor plan

Rear elevation

1. ART lobby
2. Terrace
3. Pool
4. Dining area
5. Living area
6. Kitchen
7. Bathroom
8. Bedroom
9. Indoor garden
10. Balcony
11. Closet
12. Primary bedroom
13. Primary bathroom
14. Outdoor shower
15. Service

MIAMI PENINSULA

Miami, Florida, United States // Floor area: 3,315 sq ft

This project, located in the residential area of Aventura, Miami, consisted of a full-apartment remodel. The lobby, where a sculpture by famous local artist Claudio Roncoli greets visitors, concentrates the essence of the design. This first impression reveals what is yet to come. White, black, and a range of greys are the backdrop to vibrantly colored furnishings, artwork, and accessories. The selection of materials and finishes reflects meticulous attention to detail. High-quality marble adds character and brightness to bathrooms and wet areas. Warm and soft lighting embraces comfort and relaxation. To this end, cove lighting complements the various luminaires specifically chosen for each room. This luxurious setting is complete with unparalleled ocean views. Glamour and sophistication reign in this home to achieve the ultimate Miami City style.

Dieses Projekt in der Wohngegend von Aventura, Miami, umfasste die Neugestaltung eines kompletten Appartements. Die Lobby, in der eine Skulptur des berühmten lokalen Künstlers Claudio Roncoli die Besucher empfängt, stellt die Essenz des Designs in den Mittelpunkt. Dieser erste Eindruck verrät, was noch kommen wird. Weiß, Schwarz und eine Reihe von Grautönen bilden den Hintergrund für Möbel, Kunstwerke und Accessoires in kräftigen Farben. Die Auswahl der Materialien und Oberflächen spiegelt die Liebe zum Detail wider. Hochwertiger Marmor verleiht den Bädern und Nassbereichen Charakter und Helligkeit. Eine warme und weiche Beleuchtung sorgt für Komfort und Entspannung. Zu diesem Zweck ergänzt die Voutenbeleuchtung die verschiedenen, speziell für jeden Raum ausgewählten Leuchten. Dieses luxuriöse Ambiente wird durch einen unvergleichlichen Blick auf das Meer abgerundet. Glamour und Raffinesse herrschen in diesem Haus vor, um den ultimativen Miami City Stil zu erreichen.

Ce projet, situé dans le quartier résidentiel d'Aventura à Miami, a consisté en une rénovation complète d'appartement. Le hall d'entrée, où une sculpture du célèbre artiste local Claudio Roncoli accueille les visiteurs, concentre l'essence du design. Cette première impression révèle ce qui est encore à venir. Le blanc, le noir et une gamme de gris servent de toile de fond à des meubles, des œuvres d'art et des accessoires aux couleurs vives. La sélection des matériaux et des finitions témoigne d'une attention méticuleuse aux détails. Le marbre de haute qualité ajoute du caractère et de la luminosité aux salles de bains et aux zones humides. Un éclairage chaud et doux favorise le confort et la détente. À cette fin, un éclairage encastré complète les luminaires spécialement choisis pour chaque pièce. Ce cadre luxueux est complété par des vues imprenables sur l'océan. Le glamour et la sophistication règnent dans cette demeure pour atteindre le style ultime de la ville de Miami.

Este proyecto, situado en la zona residencial de Aventura, Miami, consistió en la remodelación de un apartamento completo. El vestíbulo, donde una escultura del famoso artista local Claudio Roncoli recibe a los visitantes, concentra la esencia del diseño. Esta primera impresión revela lo que está por venir. El blanco, el negro y una gama de grises son el telón de fondo de muebles, obras de arte y accesorios de colores vibrantes. La selección de materiales y acabados refleja una meticulosa atención al detalle. El mármol de alta calidad aporta carácter y luminosidad a baños y zonas húmedas. La iluminación cálida y suave favorece el confort y la relajación. Para ello, la iluminación de cala complementa las distintas luminarias elegidas específicamente para cada habitación. Este lujoso entorno se completa con unas incomparables vistas al océano. El glamour y la sofisticación reinan en esta casa para lograr el máximo estilo de la ciudad de Miami.

Floor plan

fabriK·G

FabriK·G is an architectural design and research practice with offices in Berlin, Germany, and San Jose del Cabo, Baja California Sur, Mexico. Their approach to design takes into consideration geographical, cultural, and environmental factors, ensuring that each project is carefully crafted to generate engaging and healthy environments. The resulting design solutions show a deep respect for the environment, identifying the elements that configure it and manifesting their possibilities of connection. Their scope of work encompasses a wide range of projects, from urban-scale developments to furniture design. Regardless of the scale, the team sees the design process as an opportunity to explore interesting ideas and discover unique design solutions. To this end, Fabrik·G's emphasis on teamwork permeates all aspects of their work, from day-to-day operations to the delivery of services that exceed the client's expectations.

FabriK·G ist ein Architektur-Design- und Forschungsunternehmen mit Büros in Berlin, Deutschland und San Jose del Cabo, Baja California Sur, Mexiko. Ihr Gestaltungsansatz berücksichtigt geografische, kulturelle und Umweltfaktoren und stellt sicher, dass jedes Projekt sorgfältig gestaltet wird, um ansprechende und gesunde Umgebungen zu schaffen. Die resultierenden Designlösungen zeugen von einem tiefen Respekt für die Umwelt, indem sie die Elemente identifizieren, die sie konfigurieren, und ihre Möglichkeiten der Verbindung manifestieren. Ihr Arbeitsbereich umfasst eine Vielzahl von Projekten, von stadtweiten Entwicklungen bis hin zum Möbeldesign. Unabhängig von der Größe betrachtet das Team den Gestaltungsprozess als Gelegenheit, interessante Ideen zu erforschen und einzigartige Designlösungen zu entdecken. Zu diesem Zweck durchdringt FabriK·Gs Schwerpunkt auf Teamarbeit alle Aspekte ihrer Arbeit, vom täglichen Betrieb bis zur Bereitstellung von Dienstleistungen, die die Erwartungen der Kunden übertreffen.

FabriK·G est un cabinet de conception et de recherche architecturale avec des bureaux à Berlin (Allemagne) et à San Jose del Cabo (Basse-Californie du Sud, Mexique). Leur approche de la conception prend en compte les facteurs géographiques, culturels et environnementaux, garantissant que chaque projet est soigneusement conçu pour générer des environnements engageants et sains. Les solutions de conception résultantes témoignent d'un profond respect pour l'environnement, en identifiant les éléments qui le configurent et en manifestant leurs possibilités de connexion. Leur champ d'action englobe une large gamme de projets, des développements à l'échelle urbaine à la conception de meubles. Quelle que soit l'échelle, l'équipe considère le processus de conception comme une occasion d'explorer des idées intéressantes et de découvrir des solutions de conception uniques. À cette fin, l'accent mis par FabriK·G sur le travail d'équipe imprègne tous les aspects de leur travail, des opérations quotidiennes à la prestation de services dépassant les attentes des clients.

FabriK·G es un estudio de investigación y diseño arquitectónico con oficinas en Berlín (Alemania) y San José del Cabo (Baja California Sur, México). Su enfoque del diseño tiene en cuenta factores geográficos, culturales y medioambientales, garantizando que cada proyecto se elabore cuidadosamente para generar entornos atractivos y saludables. Las soluciones de diseño resultantes muestran un profundo respeto por el entorno, identificando los elementos que lo configuran y manifestando sus posibilidades de conexión. Su ámbito de trabajo abarca una amplia gama de proyectos, desde desarrollos a escala urbana hasta diseño de mobiliario. Independientemente de la escala, el equipo ve el proceso de diseño como una oportunidad para explorar ideas interesantes y descubrir soluciones de diseño únicas. Con este fin, el énfasis de Fabrik.G en el trabajo en equipo impregna todos los aspectos de su trabajo, desde las operaciones cotidianas hasta la prestación de servicios que superan las expectativas del cliente.

ACRE VILLAS

Architect: Arch. Gonzalo Elizarraras, Ivan Agundez, Eduardo Manriquez, and David Campos/fabriK·G
Clients: Cameron Watt & Stuart McPherson/ACRE
Structural Engineer: Eng. Leonel Reyes
Interior Designer: Mar Studio
Furniture Designer: BC Design Studio
Landscape Designer: fabriK·G
General Contractor: ACRE Resort
Photographer: © Gina & Ryan Photography

HAWK NEST HOUSE

Architect: Arch. Gonzalo Elizarraras, Ivan Agundez, Eduardo Manriquez, and Gerardo Arce/fabriK·G
Structural Engineer: Eng. Gerson Huerta/Sai Proyectos
Interior Designer: Artist Leah Poter
Furniture Designer: BC Design Studio
Landscape Designer: fabriK·G
General Contractor: Arch. Juan Jose Palomares
Photographer: © Paola López González

fabrikg.com   tallerfabrikg

ACRE VILLAS

Animas Bajas, Los Cabos, BCS, Mexico // Lot area: 10 hectares; building area: 1,130/1,291 sq ft

ACRE villas are part of the Acre Resort in Animas Bajas, a privileged area of San Jose del Cabo known for its natural beauty. The resort, which occupies an area of ten hectares, encompasses the "Acre Restaurant Bar," a lounge area with a pool, the "Tree Houses" hotel, and cultivation areas. The design approach focuses on sustainability, using local resources, promoting healthy living, and fostering a connection with nature. Two villa typologies were created: four two-story two-bedroom units and two three-bedroom master units. Nestel in a palm grove, the villas have private and communal patios. The compacted earth and exposed concrete constructions facilitate the integration of the architecture into the landscape. To take full advantage of the impressive location, the layout of the villas promotes an indoor-outdoor connection, allowing the living spaces on the ground floor to fully open onto the patios while rooftop lounges offer panoramic views of the palm grove and beyond.

Die ACRE Villen sind Teil des ACRE Resorts in Animas Bajas, einem privilegierten Gebiet von San Jose del Cabo, das für seine natürliche Schönheit bekannt ist. Das Resort umfasst eine Fläche von zehn Hektar und umfasst das „Acre Restaurant Bar", einen Loungebereich mit Pool, das Hotel „Tree Houses" und Anbauflächen. Der Gestaltungsansatz konzentriert sich auf Nachhaltigkeit, Verwendung lokaler Ressourcen, Förderung eines gesunden Lebensstils und Förderung der Verbindung zur Natur. Es wurden zwei Villentypen geschaffen: vier zweistöckige Einheiten mit zwei Schlafzimmern und zwei Dreizimmer-Master-Einheiten. Die Villen sind in einer Palmenhain eingebettet und verfügen über private und gemeinschaftliche Innenhöfe. Die verdichteten Erde- und Sichtbetonkonstruktionen ermöglichen die Integration der Architektur in die Landschaft. Um die beeindruckende Lage optimal zu nutzen, fördert die Gestaltung der Villen eine Verbindung von Innen und Außen, wodurch die Wohnräume im Erdgeschoss sich vollständig auf die Patios öffnen lassen, während Dachterrassen einen Panoramablick auf den Palmenhain und darüber hinaus bieten.

Les villas ACRE font partie de l'Acre Resort à Animas Bajas, une région privilégiée de San Jose del Cabo réputée pour sa beauté naturelle. Le complexe, qui occupe une superficie de dix hectares, englobe le « Acre Restaurant Bar », un espace avec une piscine, l'hôtel « Tree Houses » et des zones de culture. L'approche de conception met l'accent sur la durabilité, en utilisant les ressources locales, en favorisant un mode de vie sain et en favorisant une connexion avec la nature. Deux typologies de villas ont été créées : quatre unités de deux chambres à deux étages et deux unités principales de trois chambres à coucher. Nichées dans une palmeraie, les villas disposent de patios privés et communaux. Les constructions en terre compactée et en béton apparent facilitent l'intégration de l'architecture dans le paysage. Pour profiter pleinement de l'emplacement impressionnant, la disposition des villas favorise une connexion intérieur-extérieur, permettant aux espaces de vie du rez-de-chaussée de s'ouvrir complètement sur les patios, tandis que les terrasses sur le toit offrent des vues panoramiques sur la palmeraie et au-delà.

Las villas ACRE forman parte del Acre Resort en Ánimas Bajas, una zona privilegiada de San José del Cabo conocida por su belleza natural. El complejo, que ocupa una superficie de diez hectáreas, engloba el «Acre Restaurant Bar», una zona con piscina, el hotel «Tree Houses» y zonas de cultivo. El enfoque del diseño se centra en la sostenibilidad, el uso de recursos locales, la promoción de una vida sana y el fomento de la conexión con la naturaleza. Se crearon dos tipologías de villas: cuatro unidades de dos plantas con dos dormitorios y dos unidades principales de tres dormitorios. Enclavadas en un palmeral, las villas tienen patios privados y comunitarios. Las construcciones de tierra compactada y hormigón visto facilitan la integración de la arquitectura en el paisaje. Para aprovechar al máximo la impresionante ubicación, la distribución de las villas promueve una conexión interior-exterior, permitiendo que los espacios habitables de la planta baja se abran totalmente a los patios, mientras que los salones de la azotea ofrecen vistas panorámicas del palmeral y más allá.

ACRE location map

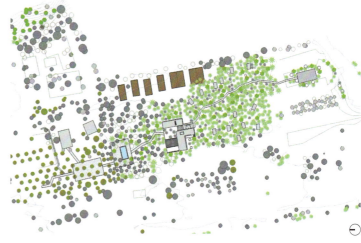

Master plan

Section A-A'

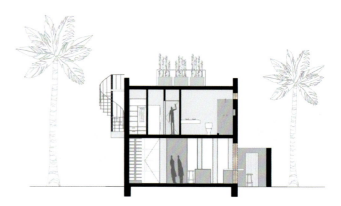

Section B-B'

General site plan

1. Security booth
2. Parking
3. General store
4. Farming plots
5. Tree houses
6. ACRE Restaurant and bar
7. Games
8. Herb gardens
9. Hillside homes
10. Massage and body treatments
11. Pool
12. Poolside bar
13. Event space
14. Beach volley ball
15. Villas
16. Family pool
17. ACRE Academy (art, music, movement, and education)
18. One-mile bike and jogging path
19. Pickleball court
20. Hammock lounge
21. Animal sanctuary
22. ACRE golf and country club
23. Amphitheater/ drive-in movies
24. Fitness area and "100 stairs"

North elevation

East elevation

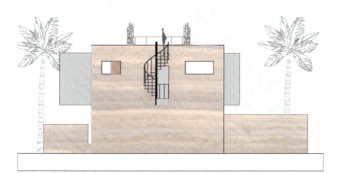

South elevation

West elevation

Roof plan

Second floor plan

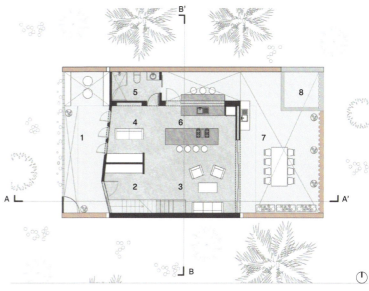

Ground floor plan

1. Entry/lounge
2. Foyer
3. Living area
4. Sitting area
5. Bathroom
6. Kitchen
7. Outdoor dining
8. Pool
9. Bedroom
10. Laundry closet
11. Roof terrace

HAWK NEST HOUSE

Laguna Hills, East Cape, BCS, Mexico // Lot area: 23,680 sq ft; building area: 4,585 sq ft

The Hawk Nest House is a tranquil refuge situated on a hilltop with panoramic views of the Sea of Cortez and the mountain landscape of Baja Sur. Its name was inspired by the prevalence of hawks in the area and the owner's affinity for this bird of prey. A central garden with a palm tree anchors the multiple-building complex to the terrain and connects a series of paths to the different buildings. Generous outdoor spaces make the most of the unique site and the favorable climate of Baja California. The single-story home's construction in rammed earth feels like a natural extension of the landscape. Thanks to the excellent thermal mass of this material, the house remains at a comfortable temperature all year round. Additionally, the open design of the house promotes cross-ventilation. By implementing passive solar design principles, the house reduces its carbon footprint significantly, with emissions 66% lower than traditional construction.

Das Hawk Nest House ist ein ruhiger Rückzugsort, der auf einem Hügel mit Panoramablick auf das Meer von Cortez und die Berglandschaft von Baja Sur liegt. Sein Name wurde von der Vielzahl der Falken in der Gegend und der Affinität des Eigentümers zu diesem Raubvogel inspiriert. Ein zentraler Garten mit einer Palme verankert das Mehrgebäudekomplex an das Gelände und verbindet eine Reihe von Pfaden zu den verschiedenen Gebäuden. Großzügige Außenbereiche nutzen die einzigartige Lage und das günstige Klima von Baja California optimal aus. Die eingeschossige Konstruktion aus Stampfbeton fühlt sich wie eine natürliche Erweiterung der Landschaft an. Dank der hervorragenden Wärmespeicherkapazität dieses Materials bleibt das Haus das ganze Jahr über in einer angenehmen Temperatur. Darüber hinaus fördert das offene Design des Hauses die natürliche Belüftung. Durch die Umsetzung von passiven solarischen Gestaltungsprinzipien reduziert das Haus seinen CO2-Fußabdruck erheblich, mit Emissionen, die um 66% niedriger sind als bei traditioneller Bauweise.

La Maison Hawk Nest est un refuge tranquille situé sur une colline avec des vues panoramiques sur la mer de Cortez et le paysage montagneux de Baja Sur. Son nom a été inspiré par la prévalence des faucons dans la région et l'affinité du propriétaire pour cet oiseau de proie. Un jardin central avec un palmier ancre le complexe à plusieurs bâtiments au terrain et relie une série de chemins aux différents bâtiments. De généreux espaces extérieurs exploitent au mieux le site unique et le climat favorable de la Basse-Californie. La construction en terre battue de la maison d'un étage semble être une extension naturelle du paysage. Grâce à l'excellente masse thermique de ce matériau, la maison reste à une température confortable toute l'année. De plus, la conception ouverte de la maison favorise la ventilation croisée. En appliquant les principes de conception solaire passive, la maison réduit son empreinte carbone de manière significative, avec des émissions 66% inférieures à la construction traditionnelle.

La Casa Hawk Nest es un tranquilo refugio situado en lo alto de una colina con vistas panorámicas al Mar de Cortés y al paisaje montañoso de Baja Sur. Su nombre se inspira en la abundancia de halcones en la zona y en la afinidad del propietario por esta ave rapaz. Un jardín central con una palmera ancla el complejo de múltiples edificios al terreno y conecta una serie de caminos con los distintos edificios. Los amplios espacios exteriores aprovechan al máximo el emplazamiento único y el clima favorable de Baja California. La construcción de la casa de una sola planta en tierra apisonada se siente como una extensión natural del paisaje. Gracias a la excelente masa térmica de este material, la casa se mantiene a una temperatura agradable durante todo el año. Además, el diseño abierto de la casa favorece la ventilación cruzada. Al aplicar los principios del diseño solar pasivo, la casa reduce considerablemente su huella de carbono, con unas emisiones un 66% inferiores a las de la construcción tradicional.

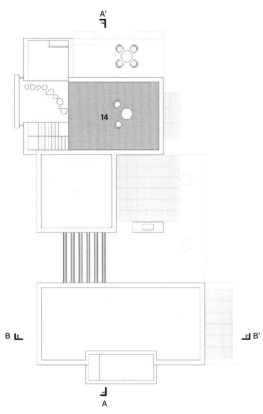

Roof plan

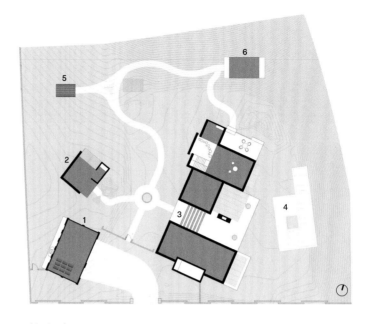

Masterplan

1. Garage
2. Guest casita
3. Main house
4. Pool terrace
5. Meditation room
6. Art studio

Main floor plan

1. Entry porch
2. Sitting room
3. Bathroom
4. Wet area
5. Bedroom
6. Private terrace
7. Living area
8. Outdoor lounge
9. Couryard
10. Dining area
11. Kitchen
12. Laundry room
13. Powder room
14. Roof terrace

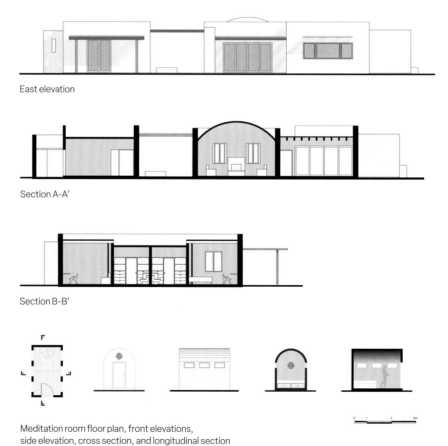

East elevation

Section A-A'

Section B-B'

Meditation room floor plan, front elevations, side elevation, cross section, and longitudinal section

SEBASTIAN EILERT ARCHITECTURE

Sebastian Eilert Architecture (S.E.A.) is a sustainable full-service architecture and interior design firm based in Miami, Florida. The firm proudly focuses on residential projects for new construction, selective renovations and additions, and low and mid-rise multi-family housing. To balance the practice of residential architecture, S.E.A. also provides services for hospitality projects and franchisee opportunities. S.E.A. practices and promotes positive environmental change within the building industry. The company focuses on the economic, social, and environmental benefits of integrated solutions to advance awareness in theory and practice. A key strength of S.E.A. is the assistance with projects interested in or seeking green building certification. S.E.A.'s goals are creating enduring spaces for generations to come and enriching the project for the user and the environment. To achieve the above, S.E.A. operates under the key principles of Innovation, Distinction, Sustainability, and Quality.

Sebastian Eilert Architecture (S.E.A.) ist ein nachhaltiges Architektur- und Innenarchitekturbüro mit Sitz in Miami, Florida. Das Büro konzentriert sich auf Wohnbauprojekte für Neubauten, selektive Renovierungen und Erweiterungen sowie niedrige und mittelhohe Mehrfamilienhäuser. Als Ausgleich zur Wohnarchitektur bietet S.E.A. auch Dienstleistungen für Gastgewerbeprojekte und Franchisenehmer an. S.E.A. praktiziert und fördert positive Umweltveränderungen in der Baubranche. Das Unternehmen konzentriert sich auf die wirtschaftlichen, sozialen und ökologischen Vorteile integrierter Lösungen, um das Bewusstsein in Theorie und Praxis zu fördern. Eine der Hauptstärken von S.E.A. ist die Unterstützung bei Projekten, die an einer Green-Building-Zertifizierung interessiert sind oder diese anstreben. Die Ziele von S.E.A. sind die Schaffung dauerhafter Räume für künftige Generationen und die Bereicherung des Projekts für den Nutzer und die Umwelt. Um das oben Gesagte zu erreichen, hat S.E.A. arbeitet nach den Grundprinzipien Innovation, Unterscheidung, Nachhaltigkeit und Qualität.

Sebastian Eilert Architecture (S.E.A.) est une entreprise d'architecture et de design d'intérieur durable à service complet basée à Miami, en Floride. L'entreprise se concentre fièrement sur les projets résidentiels de construction neuve, les rénovations sélectives et les extensions, ainsi que sur les logements collectifs de faible et moyenne hauteur. Pour équilibrer la pratique de l'architecture résidentielle, S.E.A. propose également des services pour les projets d'hôtellerie et les opportunités de franchise. S.E.A. pratique et encourage le changement environnemental positif au sein de l'industrie du bâtiment. L'entreprise met l'accent sur les avantages économiques, sociaux et environnementaux des solutions intégrées pour sensibiliser et mettre en pratique la théorie. Un point fort de S.E.A. est l'assistance apportée aux projets intéressés par la certification de bâtiments écologiques. Les objectifs de S.E.A. sont de créer des espaces durables pour les générations futures et d'enrichir le projet pour l'utilisateur et l'environnement. Pour atteindre ces objectifs, S.E.A. opère selon les principes clés d'Innovation, Distinction, Durabilité et Qualité.

Sebastian Eilert Architecture (S.E.A.) es una empresa sostenible de arquitectura y diseño de interiores con sede en Miami, Florida. La firma se centra con orgullo en proyectos residenciales de nueva construcción, renovaciones selectivas y adiciones, y viviendas multifamiliares de baja y media altura. Para equilibrar la práctica de la arquitectura residencial, S.E.A. también ofrece servicios para proyectos de hostelería y oportunidades de franquicia. S.E.A. practica y promueve un cambio medioambiental positivo en el sector de la construcción. La empresa se centra en los beneficios económicos, sociales y medioambientales de las soluciones integradas para avanzar en la concienciación teórica y práctica. Uno de los principales puntos fuertes del estudio es la asistencia a proyectos interesados en la certificación de edificios ecológicos o que desean obtenerla. Los objetivos de S.E.A. son crear espacios duraderos para las generaciones venideras y enriquecer el proyecto para el usuario y el medio ambiente. Para lograr lo anterior, opera bajo los principios clave de Innovación, Distinción, Sostenibilidad y Calidad.

SHADOWBOX RESIDENCE

Architect: Sebastian Eilert Architecture
Contractor: DLF Services LLC
Photographer: © Miami Real Estate Images

CASA DEL SOL

Architect: Sebastian Eilert Architecture
Interior Designer: Naomi Mirski
Contractor: Split Level Construction
Photographer: © Michael Stavaridis

sebastianeilert.com

SHADOWBOX RESIDENCE

Miami Beach, Florida, United States // Lot area: 7,240 sq ft; building area: 3,600 sq ft

This new two-story house is located on a deep and narrow lot close to the waterfront. Despite the limitations, the home is spacious and offers flexibility thanks to its open-plan living spaces on the ground floor. A roof terrace facing the bay on top of a two-car garage makes the most of the fantastic views. The design also minimizes the indoor-outdoor boundaries, extending the living spaces to a back patio partly covered by the master balcony above. The patio's focal point is an infinity edge pool, elevated from the ground to comply with FEMA flood criteria. The design incorporates multiple bay windows, giving the project its name, Shadowbox. They provide the bedrooms and select living spaces with extra space and a sense of depth. Sustainable features include a PV system, all non-toxic and non-VOC materials, hyper-insulated walls, low-SHGC and U-Value windows, low-flow fixtures, and energy star appliances. While not certified, the home responds to USGBC LEED Gold standards.

Dieses neue zweistöckige Haus befindet sich auf einem tiefen und schmalen Grundstück in der Nähe des Ufers. Trotz der beengten Verhältnisse ist das Haus geräumig und bietet dank der offenen Wohnräume im Erdgeschoss viel Flexibilität. Eine Dachterrasse mit Blick auf die Bucht, die sich auf einer Doppelgarage befindet, macht das Beste aus der fantastischen Aussicht. Der Entwurf minimiert auch die Grenzen zwischen Innen- und Außenbereich, indem er die Wohnräume auf eine hintere Terrasse ausdehnt, die teilweise vom darüber liegenden Hauptbalkon überdacht wird. Der Mittelpunkt des Innenhofs ist ein Infinity-Pool, der aus dem Boden ragt, um die FEMA-Kriterien für Überschwemmungen zu erfüllen. Der Entwurf sieht mehrere Erker vor, die dem Projekt den Namen Shadowbox geben. Sie geben den Schlafzimmern und ausgewählten Wohnräumen zusätzlichen Raum und ein Gefühl von Tiefe. Zu den nachhaltigen Merkmalen gehören eine Photovoltaikanlage, alle ungiftigen und VOC-freien Materialien, hochisolierte Wände, Fenster mit niedrigem SHGC- und U-Wert, Armaturen mit niedrigem Durchfluss und Energy-Star-Geräte. Das Haus ist zwar nicht zertifiziert, entspricht aber den USGBC LEED Gold Standards.

Cette nouvelle maison de deux étages est située sur un terrain étroit près du front de mer. Malgré les limitations, la maison est spacieuse et offre de la flexibilité grâce à ses espaces de vie en plan ouvert au rez-de-chaussée. Une terrasse sur le toit faisant face à la baie, située au-dessus d'un garage pour deux voitures, profite au maximum des vues fantastiques. La conception minimise également les limites entre l'intérieur et l'extérieur, en étendant les espaces de vie à une terrasse arrière partiellement couverte par le balcon principal. Le point central de la terrasse est une piscine à débordement surélevée du sol pour se conformer aux critères d'inondation de la FEMA. La conception intègre de multiples baies vitrées, donnant au projet son nom de Shadowbox. Elles offrent aux chambres à coucher et à certaines pièces de vie un espace supplémentaire et une sensation de profondeur. Les caractéristiques durables comprennent un système photovoltaïque, des matériaux non toxiques et sans COV, des murs hyper-isolés, des fenêtres à faible coefficient de transmission solaire et de faible valeur U, des équipements à faible débit et des appareils à haute efficacité énergétique. Bien qu'elle ne soit pas certifiée, la maison répond aux normes LEED Gold du USGBC.

Esta nueva casa de dos plantas está situada en un solar profundo y estrecho cerca del paseo marítimo. A pesar de las limitaciones, la casa es espaciosa y ofrece flexibilidad gracias a sus espacios abiertos en la planta baja. Una azotea orientada a la bahía sobre un garaje para dos coches aprovecha al máximo las fantásticas vistas. El diseño también minimiza los límites entre interior y exterior, extendiendo los espacios de vida a un patio trasero parcialmente cubierto por el balcón principal. El punto focal del patio es una piscina de borde infinito, elevada del suelo para cumplir los criterios de inundación de la FEMA. El diseño incorpora múltiples ventanales, que dan nombre al proyecto: Shadowbox. Proporcionan a los dormitorios y a algunos espacios habitables un espacio extra y una sensación de profundidad. Entre las características sostenibles se incluyen un sistema fotovoltaico, materiales no tóxicos ni compuestos orgánicos volátiles (COV), paredes altamente aisladas, ventanas con valores U y SHGC bajos, grifería de bajo caudal y electrodomésticos Energy Star. Aunque no está certificada, la casa responde a las normas LEED Gold del USGBC.

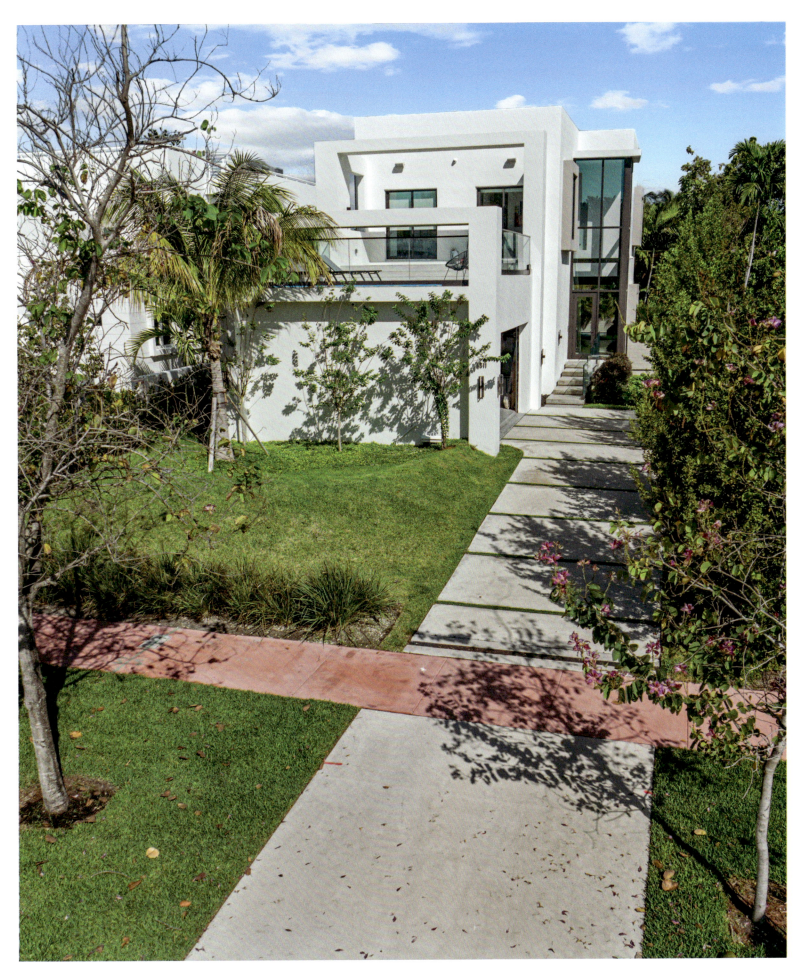

Aerial views

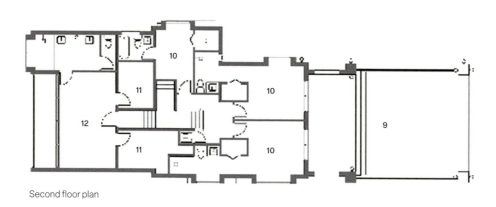

Second floor plan

Ground floor plan

1. Garage
2. Mud room
3. Guest bedroom
4. Family room
5. Living room
6. Kitchen
7. Deck
8. Pool
9. Balcony
10. Bedroom
11. Closet
12. Primary bedroom

CASA DEL SOL

Coral Gables, Florida, United States // Lot area: 12,500 sq ft; building area: 3,177 sq ft

Casa del Sol is a full renovation and exterior upgrade of a 1926 historic home in Coral Gables, Florida, fronting the Granada Golf Course. The two-story home had some interesting adaptations over the years, but due to some original photographs, it was possible to bring back and enhance some of the original detailing. Exterior work mainly involved connecting a new terrace to the breakfast area and reworking the driveway for a cleaner look. The renovation reconnects a large family room with an extended upper-level split level to relocate the kitchen to a more central space. The original kitchen was converted into a home office with an added powder room for convenience. A laundry room was also added. All bedrooms and bathrooms were reconfigured for better use and function. The second floor consists entirely of the master suite, and a small flat roof serves as a private terrace overlooking the street and golf course.

Casa del Sol ist eine vollständige Renovierung und äußere Aufwertung eines historischen Hauses aus dem Jahr 1926 in Coral Gables, Florida, das direkt am Granada Golfplatz liegt. Das zweistöckige Haus hat im Laufe der Jahre einige interessante Anpassungen erfahren, aber dank einiger Originalfotos war es möglich, einige der ursprünglichen Details wiederherzustellen und zu verbessern. Die Außenarbeiten umfassten hauptsächlich den Anschluss einer neuen Terrasse an den Frühstücksbereich und die Überarbeitung der Einfahrt, um ein saubereres Aussehen zu erzielen. Bei der Renovierung wurde ein großes Familienzimmer mit einer erweiterten oberen Split-Level-Ebene verbunden, um die Küche in einen zentraleren Raum zu verlagern. Die ursprüngliche Küche wurde in ein Arbeitszimmer umgewandelt und mit einer zusätzlichen Nasszelle ausgestattet. Eine Waschküche wurde ebenfalls hinzugefügt. Alle Schlafzimmer und Bäder wurden zwecks besserer Nutzung und Funktion neu konfiguriert. Die zweite Etage besteht vollständig aus der Master-Suite, und ein kleines Flachdach dient als private Terrasse mit Blick auf die Straße und den Golfplatz.

Casa del Sol est une rénovation complète et une amélioration extérieure d'une maison historique de 1926 à Coral Gables, en Floride, donnant sur le parcours de golf Granada. La maison à deux étages avait subi plusieurs adaptations au fil des ans, mais grâce à certaines photographies d'origine, il a été possible de ramener et d'améliorer certains détails d'origine. Les travaux extérieurs ont principalement consisté à relier une nouvelle terrasse à la salle du petit-déjeuner et à retravailler l'allée pour une apparence plus propre. La rénovation permet de reconnecter une grande salle familiale avec un niveau supérieur prolongé pour déplacer la cuisine vers un espace plus central. La cuisine d'origine a été convertie en bureau à domicile avec une salle d'eau ajoutée pour plus de commodité. Une buanderie a également été ajoutée. Toutes les chambres et salles de bains ont été reconfigurées pour une meilleure utilisation et fonctionnalité. Le deuxième étage est entièrement consacré à la suite principale et un petit toit plat sert de terrasse privée donnant sur la rue et le parcours de golf.

Casa del Sol es una renovación completa y actualización exterior de una casa histórica de 1926 en Coral Gables, Florida, frente al campo de golf Granada. La casa de dos plantas sufrió algunas adaptaciones interesantes a lo largo de los años, pero gracias a algunas fotografías originales, fue posible recuperar y mejorar algunos de los detalles originales. Los trabajos exteriores consistieron principalmente en conectar una nueva terraza con la zona de desayuno y reformar el camino de entrada para darle un aspecto más limpio. La reforma vuelve a conectar una gran sala familiar con un nivel superior ampliado para reubicar la cocina en un espacio más central. La cocina original se convirtió en una oficina en casa con un tocador añadido para mayor comodidad. También se añadió un lavadero. Todos los dormitorios y cuartos de baño fueron reconfigurados para un mejor uso y función. La segunda planta está formada en su totalidad por la suite principal, y una pequeña azotea sirve de terraza privada con vistas a la calle y al campo de golf.

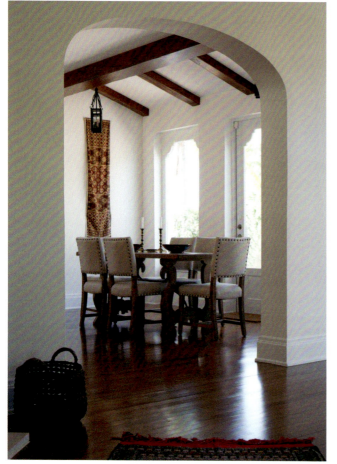

ELÍAS GROUP
DESIGN BY STUDIO FRANCISCO ELÍAS - BUILT BY ELÍAS ARCHITECTURE

In 2006, Francisco Elías founded his architecture, design, and construction studio in Mexico City under the name of ELÍAS ARQUITECTURA. His widely ranged body of work — located in Mexico, the United States, and Europe — is generally the result of collaborations with specialists from different fields of knowledge to carry out unique projects. Following his commitment to education, he has developed parallel academic work by offering design, theory, and architecture history seminars at various Mexican institutions. Francisco Elías has received multiple prizes, and his work has been extensively published. In 2017, he founded the ELÍAS GROUP corporation, which comprises an architectural design firm and a construction company, with the aim of strengthening the made-to-measure philosophy and turnkey service. That same year, Architectural Digest selected Francisco Elías as one of the hundred most outstanding architects in Latin America.

Im Jahr 2006 gründete Francisco Elías sein Architektur-, Design- und Konstruktionsbüro in Mexiko-Stadt unter dem Namen ELÍAS ARQUITECTURA. Sein breit gefächertes Werk, das sich in Mexiko, den Vereinigten Staaten und Europa befindet, ist in der Regel das Ergebnis der Zusammenarbeit mit Spezialisten aus verschiedenen Wissensgebieten, um einzigartige Projekte zu verwirklichen. Seinem Engagement für die Bildung folgend, hat er parallel dazu eine akademische Tätigkeit entwickelt, indem er an verschiedenen mexikanischen Institutionen Seminare zu Design, Theorie und Architekturgeschichte anbietet. Francisco Elías hat mehrere Preise erhalten, und seine Arbeiten wurden in zahlreichen Publikationen veröffentlicht. 2017 gründete er das Unternehmen ELÍAS GROUP, das ein Architekturbüro und eine Baufirma umfasst, um die Philosophie der Maßanfertigung und des schlüsselfertigen Service zu stärken. Im selben Jahr wählte Architectural Digest Francisco Elías zu einem der hundert herausragendsten Architekten in Lateinamerika.

En 2006, Francisco Elías a fondé son studio d'architecture, de design et de construction à Mexico sous le nom d'ELÍAS ARQUITECTURA. Son vaste corpus de travail - situé au Mexique, aux États-Unis et en Europe - est généralement le fruit de collaborations avec des spécialistes de différents domaines de connaissance pour réaliser des projets uniques. Parallèlement à son engagement dans l'éducation, il a développé un travail académique en proposant des séminaires de design, de théorie et d'histoire de l'architecture dans différentes institutions mexicaines. Francisco Elías a reçu de nombreux prix et son travail a été largement publié. En 2017, il a fondé la société ELÍAS GROUP, qui comprend une agence de design architecturale et une entreprise de construction, dans le but de renforcer la philosophie du sur-mesure et le service clé en main. La même année, Architectural Digest a sélectionné Francisco Elías comme l'un des cent architectes les plus remarquables d'Amérique latine.

En 2006, Francisco Elías fundó su estudio de arquitectura, diseño y construcción en la Ciudad de México bajo el nombre de ELÍAS ARQUITECTURA. Su amplia obra -ubicada en México, Estados Unidos y Europa- es generalmente el resultado de colaboraciones con especialistas de distintas áreas del conocimiento para llevar a cabo proyectos únicos. Siguiendo su compromiso con la educación, ha desarrollado una labor académica paralela, impartiendo seminarios de diseño, teoría e historia de la arquitectura en diversas instituciones mexicanas. Francisco Elías ha recibido múltiples premios y su obra ha sido ampliamente publicada. En 2017 fundó el corporativo GRUPO ELÍAS, integrado por un despacho de diseño arquitectónico y una constructora, con el objetivo de fortalecer la filosofía a la medida y el servicio llave en mano. Ese mismo año, Architectural Digest seleccionó a Francisco Elías como uno de los cien arquitectos más destacados de América Latina.

CANCUN HOUSE

Architect: Francisco Elías, Eduardo Peón, Jorge Pérez Boeneker, Hairo Salgado, Daniel Fuertes, Neftalí Serrato, Gabriela Portillo/Studio Francisco Elías

Landscape Architect: Eduardo Peón, Julio Granados/Studio Francisco Elías

Artist: Ramón Laserna

Structural Engineer: Gerson Huerta/GRUPO SAI

Concrete Research and Innovation: Juan Miguel Gutierrez/ Centro de Tecnología del Cemento y del Concreto CEMEX (CTCC)

General Contractor: Alejandro Fernández Del Castillo, Jazmin Peral, Carlos Salcedo/ELIAS ARCHITECTURE

Lighting Consultant: Mayte Arquer, Julio Oscura/AROB Iluminación

Photographer: © Guillermo De la Maza

PUERTO RICO HOUSE

Original Architectural Design: Grupo Cancún

Remodel Design: Francisco Elías, Eduardo Peón, Milton Durán, Diego Barrientos/Studio Francisco Elías

Design Consultant: William Webb

Landscape Architect: Eduardo Peón

Structural Engineer: Gerson Huerta/GRUPO SAI

General Contractor: Grupo Cancún

Lighting Consultant: Mayte Arquer, Julio Oscura/AROB Iluminación

Photographer: © Guillermo De la Maza

eliasgroup.org   elias_group

CANCUN HOUSE

Cancun, Quintana Roo, Mexico // Lot area: 15,478 sq ft; building area: 8,817 sq ft

The clients are a couple who like to experience the climate of the Mexican Caribbean. After traveling from Mexico City to this area for years, they decided to acquire a property in Lagos del Sol that suited their lifestyle. The clients wished for the house to be bold, spacious, and tall. In collaboration with the structural engineering team, the architects designed and built a concrete home with generous openings toward the lake views. The house is conceived as a temple in the jungle with four interconnected blocks. This fragmentation generated exterior spaces directly connected with the lush natural surroundings while providing the residents with privacy. The configuration also optimized natural light and ventilation in all the rooms. The concept of "temple" is highlighted by a mural by Colombian artist Ramón Laserna that spans the entire north-south length of the house, directing the circulation toward the lake.

Die Kunden sind ein Ehepaar, das gerne das Klima der mexikanischen Karibik genießt. Nachdem sie jahrelang von Mexiko-Stadt in diese Gegend gereist waren, beschlossen sie, in Lagos del Sol eine Immobilie zu erwerben, die ihrem Lebensstil entspricht. Die Kunden wünschten sich ein kühnes, geräumiges und hohes Haus. In Zusammenarbeit mit dem Hochbauteam entwarfen und bauten die Architekten ein Betonhaus mit großzügigen Öffnungen zum See hin. Das Haus ist wie ein Tempel im Dschungel mit vier miteinander verbundenen Blöcken konzipiert. Durch diese Fragmentierung entstanden Außenräume, die direkt mit der üppigen Natur verbunden sind und gleichzeitig den Bewohnern Privatsphäre bieten. Die Konfiguration optimierte auch das natürliche Licht und die Belüftung in allen Räumen. Das Konzept des „Tempels" wird durch ein Wandgemälde des kolumbianischen Künstlers Ramón Laserna unterstrichen, das sich über die gesamte Nord-Süd-Länge des Hauses erstreckt und den Verkehr auf den See lenkt.

Les clients sont un couple qui aime profiter du climat des Caraïbes mexicaines. Après avoir voyagé de Mexico à cette région pendant des années, ils ont décidé d'acquérir une propriété à Lagos del Sol qui correspondait à leur style de vie. Les clients souhaitaient une maison audacieuse, spacieuse et haute. En collaboration avec l'équipe d'ingénierie structurelle, les architectes ont conçu et construit une maison en béton avec de généreuses ouvertures sur les vues sur le lac. La maison est conçue comme un temple dans la jungle avec quatre blocs interconnectés. Cette fragmentation a créé des espaces extérieurs directement liés à l'environnement naturel luxuriant tout en offrant aux résidents une intimité. La configuration a également optimisé la lumière naturelle et la ventilation dans toutes les pièces. Le concept de « temple » est mis en valeur par une fresque de l'artiste colombien Ramón Laserna qui s'étend sur toute la longueur nord-sud de la maison, orientant la circulation vers le lac.

Los clientes son una pareja a la que le gusta experimentar el clima del Caribe mexicano. Después de viajar desde la Ciudad de México a esta zona durante años, decidieron adquirir una propiedad en Lagos del Sol que se adaptara a su estilo de vida. Los clientes deseaban que la casa fuera atrevida, espaciosa y alta. En colaboración con el equipo de ingeniería estructural, los arquitectos diseñaron y construyeron una casa de hormigón con generosas aberturas hacia las vistas del lago. La casa se concibió como un templo en la selva con cuatro bloques interconectados. Esta fragmentación generó espacios exteriores directamente conectados con el exuberante entorno natural, al tiempo que proporcionaba privacidad a los residentes. La configuración también optimizaba la luz natural y la ventilación en todas las estancias. El concepto de «templo» queda resaltado por un mural del artista colombiano Ramón Laserna que abarca toda la longitud norte-sur de la casa, dirigiendo la circulación hacia el lago.

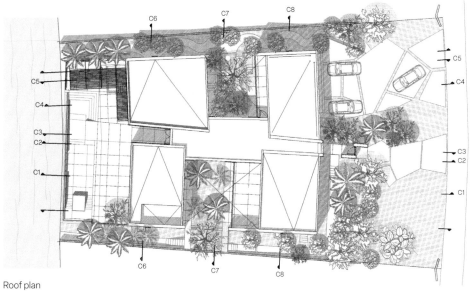

Roof plan

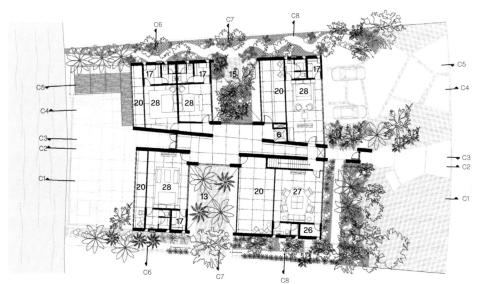

Second floor plan

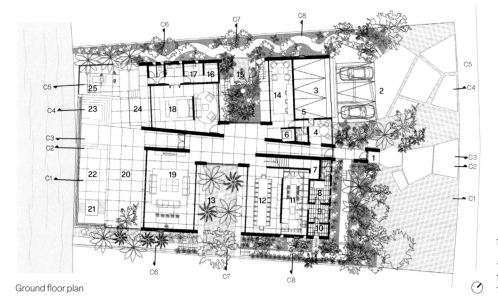

Ground floor plan

1. Pedestrian access
2. Car access
3. Garage
4. Foyer
5. Powder room
6. Elevator
7. Pantry
8. Maid's room
9. Laundry room
10. Trash room
11. Kitchen
12. Dining room
13. Courtyard
14. Breakfast nook
15. Private courtyard
16. Sauna
17. Dressing room
18. Primary suite
19. Living room
20. Terrace
21. Island
22. Pool
23. Whirpool
24. Private terrace
25. Outdoor dining area
26. Control room
27. Family room
28. Bedroom

North elevation

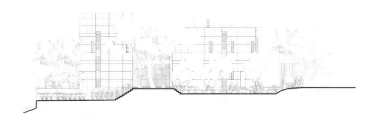

East elevation

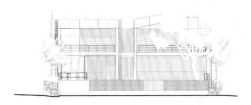

South elevation

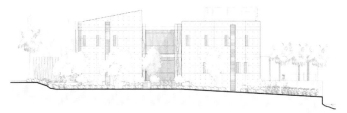

West elevation

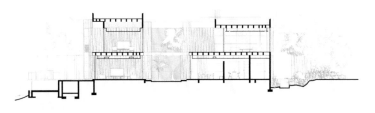

Section C1

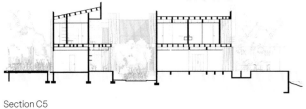

Section C5

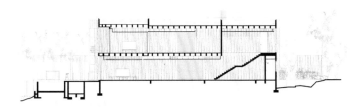

Section C2

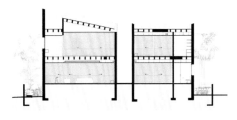

Section C6

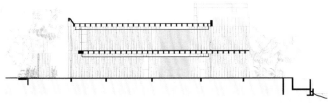

Section C3

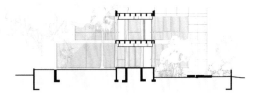

Section C7

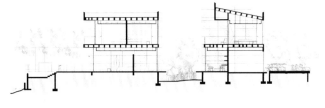

Section C4

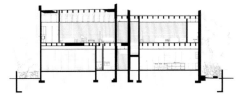

Section C8

PUERTO RICO HOUSE

Cancun, Quintana Roo, Mexico // Lot area: 13,454 sq ft; building area: 13,412 sq ft

Casa Puerto Rico has a prominent location in front of the central park and lake of the notable Lagos del Sol residential development in Cancún. Its remodel, carried out by ELÍAS GROUP, respects the home's 1990s original design and enhances its integration in the remarkable setting. The two-story residence is composed of three distinct areas: a central common space, the private rooms, and the kitchen. The architects used a new steel structure to reconfigure the common area. This decision allowed the removal of walls to create an open plan, improving spatial functionality, circulation, and connection with the outdoors. The existing oval plaza is better integrated with the house becoming an outdoor extension of the interior living spaces. The garden is divided into two sections: one outside the kitchen, suited for socializing, and the other, by the lakeshore and sheltered by lush foliage, conceived as a quiet space for relaxing.

Das Haus Puerto Rico befindet sich in prominenter Lage gegenüber dem zentralen Park und dem See der bemerkenswerten Wohnanlage Lagos del Sol in Cancún. Bei der von der ELÍAS GRUPPE durchgeführten Umgestaltung wurde das ursprüngliche Design des Hauses aus den 1990er Jahren beibehalten und seine Integration in die bemerkenswerte Umgebung verbessert. Die zweistöckige Residenz besteht aus drei verschiedenen Bereichen: einem zentralen Gemeinschaftsraum, den Privaträumen und der Küche. Für die Neugestaltung des Gemeinschaftsbereichs verwendeten die Architekten eine neue Stahlkonstruktion. Diese Entscheidung ermöglichte die Beseitigung von Wänden, um einen offenen Grundriss zu schaffen, der die räumliche Funktionalität, die Zirkulation und die Verbindung mit dem Außenbereich verbessert. Der bestehende ovale Platz ist nun besser in das Haus integriert und wird zu einer Erweiterung der inneren Wohnräume im Freien. Der Garten ist in zwei Bereiche unterteilt: ein Bereich vor der Küche, der sich für geselliges Beisammensein eignet, und ein anderer, der am Seeufer liegt und durch üppiges Laub geschützt ist, ist als ruhiger Ort zum Entspannen gedacht.

Maison Puerto Rico bénéficie d'un emplacement remarquable en face du parc central et du lac du notable développement résidentiel Lagos del Sol à Cancun. Sa rénovation, réalisée par ELÍAS GROUP, respecte la conception originale des années 1990 de la maison et améliore son intégration dans le cadre remarquable. La résidence de deux étages est composée de trois zones distinctes : un espace commun central, les chambres privées et la cuisine. Les architectes ont utilisé une nouvelle structure en acier pour reconfigurer l'espace commun. Cette décision a permis la suppression des murs pour créer un plan ouvert, améliorant la fonctionnalité spatiale, la circulation et la connexion avec l'extérieur. La place ovale existante est mieux intégrée à la maison, devenant une extension extérieure des espaces de vie intérieurs. Le jardin est divisé en deux sections : l'une à l'extérieur de la cuisine, propice aux rencontres sociales, et l'autre, près du rivage du lac et abritée par une végétation luxuriante, conçue comme un espace calme pour se détendre.

Casa Puerto Rico tiene una ubicación destacada frente al parque central y el lago de la notable urbanización Lagos del Sol, en Cancún. Su remodelación, llevada a cabo por ELÍAS GROUP, respeta el diseño original de la casa de los años 90 y potencia su integración en el notable entorno. La residencia de dos plantas se compone de tres zonas diferenciadas: un espacio común central, las habitaciones privadas y la cocina. Los arquitectos utilizaron una nueva estructura de acero para reconfigurar la zona común. Esta decisión permitió eliminar muros para crear una planta abierta, mejorando la funcionalidad espacial, la circulación y la conexión con el exterior. La plaza oval existente se integra mejor con la casa, convirtiéndose en una extensión exterior de los espacios habitables interiores. El jardín está dividido en dos secciones: una fuera de la cocina, adecuada para socializar, y la otra, junto a la orilla del lago y protegida por un frondoso follaje, concebida como un espacio tranquilo para relajarse.

Front elevation

Rear (lake) elevation

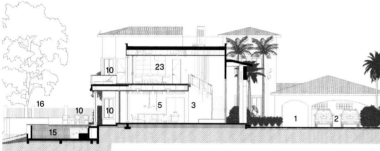

Cross section

1. Access courtyard
2. Garage
3. Entry foyer
4. Living area
5. Dining area
6. Bar
7. Office
8. Kitchen
9. Breakfast nook
10. Terrace
11. Guest room
12. Dressing room
13. Bathroom
14. Powder room
15. Pool
16. Garden
17. Pantry
18. Laundry room
19. Utilities room
20. Mechanical room
21. Outdoor bathroom
22. Study
23. TV room
24. Primary bedroom
25. Bedroom
26. Cellar

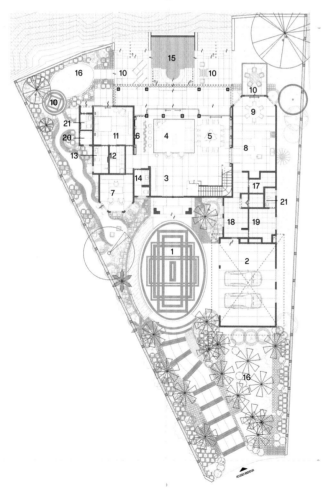

Ground floor plan

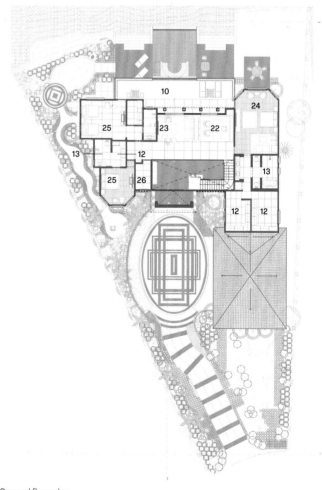

Second floor plan

SOLSTICE
Planning and Architecture

SOLSTICE Planning and Architecture's designs advance architecture to support a better understanding of ourselves and our environment with a focus on the climate, context, and culture of a particular region. The firm's founder and principal architect, Jonathan Parks, AIA, has created a body of work that includes public projects, custom residences, and noteworthy historic preservation projects. With many years of design leadership, the firm has designed dozens of projects suited to the Gulf Coast lifestyle that embraces sustainability and resiliency. Since the design studio's inception over twenty years ago, SOLSTICE and its predecessor firm have received over 100 awards, including honors from the National Trust for Historic Preservation, national honors from the United States Green Building Council, and numerous design awards from the American Institute of Architects' Florida state chapter.

Die Entwürfe von SOLSTICE Planning and Architecture fördern die Architektur, um ein besseres Verständnis von uns selbst und unserer Umwelt zu erreichen, wobei der Schwerpunkt auf dem Klima, dem Kontext und der Kultur einer bestimmten Region liegt. Der Gründer und Hauptarchitekt des Büros, Jonathan Parks, AIA, hat ein Werk geschaffen, das öffentliche Projekte, individuelle Wohnhäuser und bemerkenswerte Denkmalschutzprojekte umfasst. In seiner langjährigen Tätigkeit hat das Büro Dutzende von Projekten entworfen, die dem Lebensstil an der Golfküste entsprechen und auf Nachhaltigkeit und Widerstandsfähigkeit ausgerichtet sind. Seit der Gründung des Designstudios vor mehr als zwanzig Jahren haben SOLSTICE und sein Vorgängerbüro über 100 Auszeichnungen erhalten, darunter Ehrungen des National Trust for Historic Preservation, nationale Auszeichnungen des United States Green Building Council und zahlreiche Designpreise des American Institute of Architects' Florida State Chapter.

Les conceptions de SOLSTICE Planning and Architecture font avancer l'architecture pour favoriser une meilleure compréhension de nous-mêmes et de notre environnement, en mettant l'accent sur le climat, le contexte et la culture d'une région particulière. Le fondateur et architecte principal de l'entreprise, Jonathan Parks, AIA, a créé un ensemble de travaux comprenant des projets publics, des résidences sur mesure et des projets remarquables de préservation du patrimoine historique. Avec de nombreuses années de leadership en conception, l'entreprise a conçu des dizaines de projets adaptés au style de vie de la côte du Golfe qui favorise la durabilité et la résilience. Depuis la création du studio de conception il y a plus de vingt ans, SOLSTICE et son prédécesseur ont reçu plus de 100 prix, notamment des distinctions de la National Trust for Historic Preservation, des distinctions nationales du United States Green Building Council et de nombreux prix de conception du chapitre de l'État de Floride de l'American Institute of Architects.

Los diseños de SOLSTICE Planning and Architecture hacen avanzar la arquitectura para contribuir a una mejor comprensión de nosotros mismos y de nuestro entorno, centrándose en el clima, el contexto y la cultura de una región concreta. El fundador y arquitecto principal de la empresa, Jonathan Parks, AIA, ha creado una obra que incluye proyectos públicos, residencias personalizadas y notables proyectos de conservación histórica. Con muchos años de liderazgo en el diseño, el estudio ha diseñado docenas de proyectos adaptados al estilo de vida de la Costa del Golfo que abraza la sostenibilidad y la resiliencia. Desde la creación del estudio de diseño hace más de veinte años, SOLSTICE y su empresa predecesora han recibido más de 100 premios, entre los que se incluyen honores del National Trust for Historic Preservation, honores nacionales del United States Green Building Council y numerosos premios de diseño del capítulo estatal de Florida del American Institute of Architects.

COMPASS HAUS

Architect: SOLSTICE Planning and Architecture
Structural Engineer: Stirling & Wilbur Engineering Group
Builder: Josh Wynne Construction
Landscape Architect: Borden Landscape Design
LEED Certification: Two Trails
Photographer: © Ryan Gamma

Features:

LEED Platinum Certification
EPA Energy Star Highest Standards Certification
Indoor Air PLUS Certification
DOE Zero Energy Ready Home Certification

ELEMENT HOUSE

Architect: SOLSTICE Planning and Architecture
Structural Engineer: McCall & Young Engineering
Builder: NWC Construction
Landscape Architect: Michael A. Gilkey, Inc
LEED Certification: Two Trails
Photographer: © Ryan Gamma and Dylan Jon Wade Cox

Features:

LEED Platinum Certification
Florida Green Building Coalition (FGBC) Platinum Certification
EPA Energy Star Highest Standards Certification
Indoor Air PLUS Certification
DOE Zero Energy Ready Home Certification

solsticearchitects.com   solsticearchitects

COMPASS HAUS

Longboat Key, Florida, United States // Lot area: 26,666 sq ft; building area: 4,800 sq ft

For the Compass Haus, Jonathan and the firm devised a waterfront home that addressed both the human experience and environmental priorities. The team envisioned a minimalist structure that could reduce dependency on human infrastructure and also reduce risks related to hurricanes and other storms. The new residence is bounded by waterfront setback lines and is elevated one story to meet flood regulations. Its design highlights the indoor-outdoor connection and takes full advantage of the site's location on a peninsula to maximize the water views. The landscape — mainly Florida-friendly, drought-tolerant plants and several existing large trees — lends scale and softens the rigid forms of the architecture, all while ensuring that views are not obstructed but enhanced. The optimization of the site's permeability and rainwater management through low-slope swales to speed absorption and minimize bay impacts are a few of the sustainability features put in place that make this house LEED Platinum Certified.

Für das Compass Haus entwarfen Jonathan und das Büro ein Haus am Wasser, das sowohl die menschliche Erfahrung als auch ökologische Prioritäten berücksichtigt. Dem Team schwebte eine minimalistische Struktur vor, die die Abhängigkeit von menschlicher Infrastruktur und die Risiken von Wirbelstürmen und anderen Stürmen verringert. Das neue Wohnhaus wird von den Rückzugslinien am Wasser begrenzt und ist um ein Stockwerk erhöht, um die Hochwasserschutzbestimmungen zu erfüllen. Das Design betont die Verbindung zwischen Innen- und Außenbereich und nutzt die Lage des Grundstücks auf einer Halbinsel, um den Blick aufs Wasser zu maximieren. Die Landschaft - hauptsächlich Florida-freundliche, trockenheitstolerante Pflanzen und mehrere große Bäume - verleiht dem Gebäude Maßstäblichkeit und mildert die starren Formen der Architektur, während gleichzeitig sichergestellt wird, dass die Aussicht nicht behindert, sondern verbessert wird. Die Optimierung der Durchlässigkeit des Geländes und die Regenwasserbewirtschaftung durch flach abfallende Mulden zur schnelleren Absorption und Minimierung der Auswirkungen auf die Bucht sind nur einige der Nachhaltigkeitsmerkmale, die diesem Haus das LEED-Platin-Zertifikat verliehen haben.

Pour la Compass Haus, Jonathan et l'entreprise ont conçu une maison en bord de mer qui répond à la fois à l'expérience humaine et aux priorités environnementales. L'équipe a imaginé une structure minimaliste capable de réduire la dépendance à l'infrastructure humaine et de réduire les risques liés aux ouragans et autres tempêtes. La nouvelle résidence est délimitée par des lignes de retrait par rapport au front de mer et est surélevée d'un étage pour respecter les réglementations relatives aux inondations. Sa conception met en valeur la connexion intérieur-extérieur et profite pleinement de l'emplacement du site sur une péninsule pour maximiser les vues sur l'eau. Le paysage, principalement composé de plantes adaptées à la Floride, tolérantes à la sécheresse et de plusieurs grands arbres existants, apporte une échelle et adoucit les formes rigides de l'architecture, tout en veillant à ce que les vues ne soient pas obstruées mais améliorées. L'optimisation de la perméabilité du site et de la gestion des eaux pluviales grâce à des fossés à faible pente pour accélérer l'absorption et réduire les impacts sur la baie sont quelques-unes des caractéristiques durables mises en place qui font de cette maison une construction certifiée LEED Platinum.

Para la Compass Haus, Jonathan y la empresa idearon una casa frente al mar que tuviera en cuenta tanto la experiencia humana como las prioridades medioambientales. El equipo concibió una estructura minimalista que redujera la dependencia de las infraestructuras humanas y los riesgos de huracanes y tormentas. La nueva residencia está delimitada por las líneas de separación de la costa y está elevada un piso para cumplir la normativa sobre inundaciones. Su diseño resalta la conexión interior-exterior y aprovecha al máximo la ubicación del solar en una península para maximizar las vistas al agua. El paisaje -principalmente plantas adaptadas a Florida y tolerantes a la sequía y varios árboles de gran tamaño ya existentes- confiere escala y suaviza las formas rígidas de la arquitectura, al tiempo que garantiza que las vistas no se obstruyan, sino que se realcen. La optimización de la permeabilidad del terreno y la gestión del agua de lluvia mediante canales de baja pendiente para acelerar la absorción y minimizar el impacto en la bahía son algunas de las características de sostenibilidad que hacen que esta casa cuente con la certificación LEED Platinum.

Location map

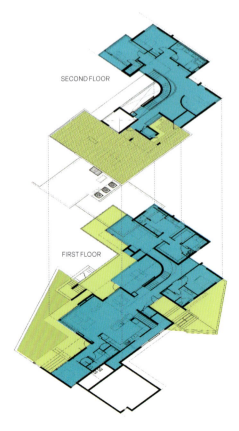

Axonometric view

Views diagram

226

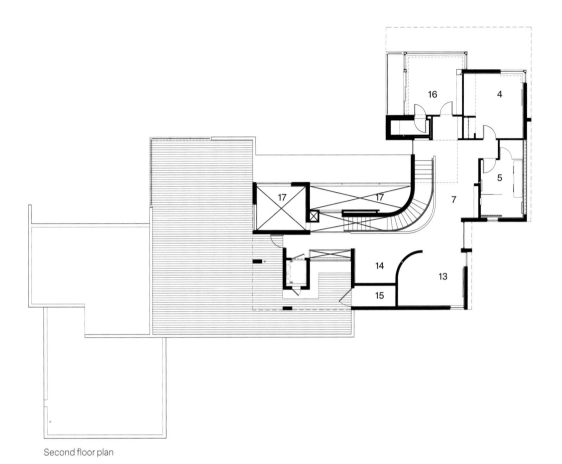

Second floor plan

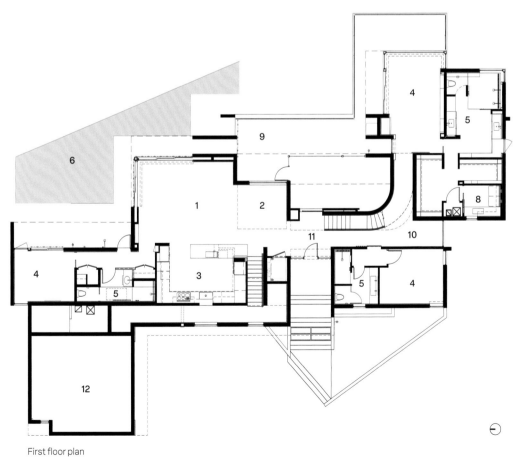

First floor plan

1. Living area
2. Dining area
3. Kitchen
4. Bedroom
5. Bathroom
6. Pool
7. Gallery
8. Laundry room
9. Pool deck
10. Hallway
11. Entry foyer
12. Garage
13. Family room
14. Exercise room
15. Storage
16. Study
17. Open to below

ELEMENT HOUSE

Sarasota, Florida, United States // Lot area: 9,570 sq ft; building area: 3,700 sq ft

In response to the client's request to create "the house of the future today", SOLSTICE created a home with a focus on nature that reduced dependency on the power grid. Situated on a narrow lot within a flood zone on Sarasota Bay, the Element House had challenges to overcome, including its construction within ten feet of an adjacent residence. To define sight lines away from the neighboring home and to take advantage of distant water views, SOLSTICE proposed an upside-down house design, lifting social areas to the upper levels and locating guest rooms and children's rooms on the ground floor alongside an informal family area. The design and landscape layout focus on nature, maximizing shade, natural ventilation, local materials, and minimizing dependency on irrigation. The use of energy-efficient systems, including solar energy capture, recycling/renewable materials, and water collection, made the Element House one of the highest-rated sustainable houses built in the United States at the time of completion.

Als Antwort auf den Wunsch des Bauherrn, „das Haus der Zukunft schon heute zu bauen", schuf SOLSTICE ein Haus mit Fokus auf die Natur, das die Abhängigkeit vom Stromnetz reduziert. Auf einem schmalen Grundstück in einem Überschwemmungsgebiet an der Sarasota Bay gelegen, hatte das Element House einige Herausforderungen zu meistern, unter anderem die Tatsache, dass es nur wenige Meter von einem benachbarten Wohnhaus entfernt gebaut wurde. Um die Sichtlinien vom Nachbarhaus weg zu definieren und die Fernsicht auf das Wasser zu nutzen, schlug SOLSTICE ein auf dem Kopf stehendes Hausdesign vor, bei dem die sozialen Bereiche in die oberen Etagen verlegt und die Gäste- und Kinderzimmer im Erdgeschoss neben einem informellen Familienbereich angeordnet wurden. Das Design und die Landschaftsgestaltung konzentrieren sich auf die Natur, maximieren Schatten, natürliche Belüftung, lokale Materialien und minimieren die Abhängigkeit von Bewässerung. Der Einsatz energieeffizienter Systeme, einschließlich der Nutzung von Solarenergie, recycelten/erneuerbaren Materialien und der Wassersammlung, machte das Element House zu einem der am höchsten bewerteten nachhaltigen Häuser, die zum Zeitpunkt der Fertigstellung in den Vereinigten Staaten gebaut wurden.

En réponse à la demande du client de créer « la maison du futur aujourd'hui », SOLSTICE a créé une maison axée sur la nature qui réduit la dépendance au réseau électrique. Située sur un terrain étroit dans une zone inondable sur la baie de Sarasota, l'Element House avait des défis à surmonter, notamment sa construction à moins de dix pieds d'une résidence adjacente. Pour définir les lignes de vue à l'écart de la maison voisine et profiter des vues lointaines sur l'eau, SOLSTICE a proposé une conception de maison inversée, élevant les espaces sociaux aux niveaux supérieurs et plaçant les chambres d'amis et les chambres d'enfants au rez-de-chaussée aux côtés d'un espace familial informel. La conception et l'aménagement paysager mettent l'accent sur la nature, maximisant l'ombre, la ventilation naturelle, les matériaux locaux et minimisant la dépendance à l'irrigation. L'utilisation de systèmes économes en énergie, notamment la capture d'énergie solaire, le recyclage de matériaux renouvelables, et la collecte des eaux, ont fait de l'Element House l'une des maisons durables les mieux notées construites aux États-Unis au moment de son achèvement.

En respuesta a la petición del cliente de crear «la casa del futuro hoy», SOLSTICE creó una vivienda centrada en la naturaleza que redujera la dependencia de la red eléctrica. Situada en un terreno estrecho dentro de una zona inundable de la bahía de Sarasota, la Element House tuvo que superar varios retos, como su construcción a tres metros de una residencia adyacente. Para definir las líneas de visión lejos de la casa vecina y aprovechar las vistas lejanas del agua, SOLSTICE propuso un diseño de casa al revés, elevando las zonas sociales a los niveles superiores y situando las habitaciones de invitados y las de los niños en la planta baja junto a una zona familiar informal. El diseño y la disposición del paisaje se centran en la naturaleza, maximizando la sombra, la ventilación natural, los materiales locales y minimizando la dependencia del riego. El uso de sistemas energéticamente eficientes, como la captación de energía solar, el reciclaje de materiales renovables y la recogida de agua, hicieron de la Element House una de las casas sostenibles mejor valoradas de Estados Unidos en el momento de su finalización.

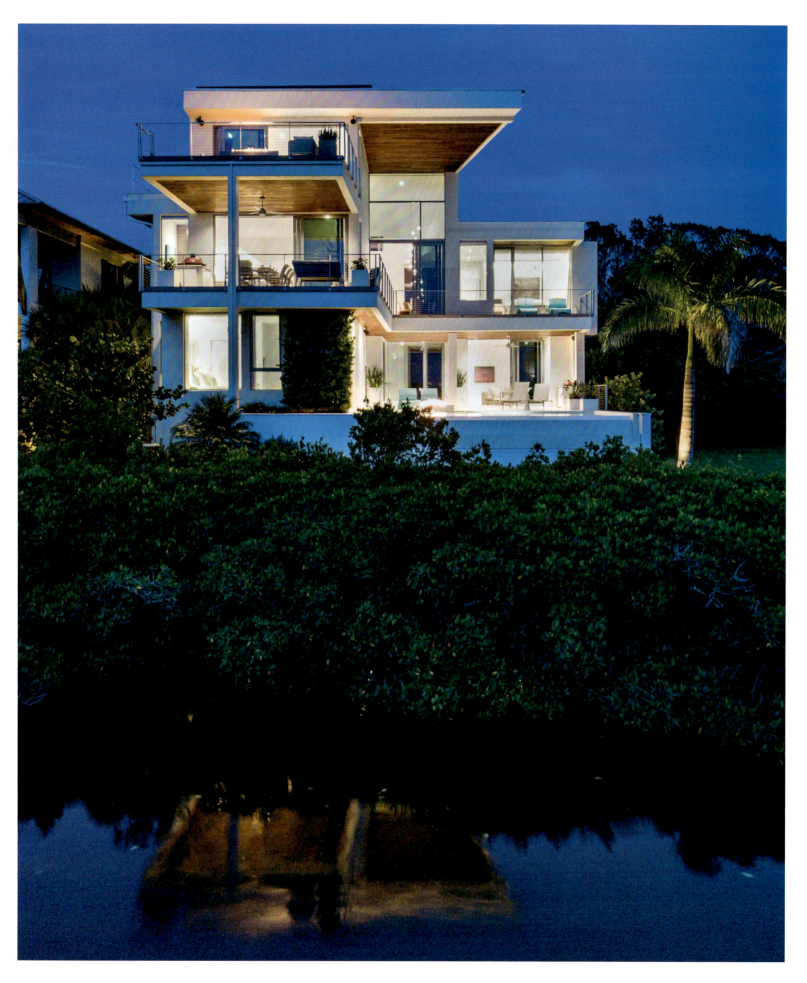

Second floor plan (main living area)

Location map

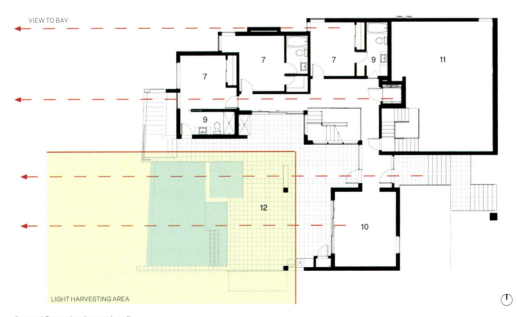

Ground floor plan (guest level)

1. Living area
2. Kitchen
3. Laundry room
4. Office
5. Staircase
6. Dining area
7. Bedroom
8. Closet
9. Bathroom
10. Family room
11. Garage
12. Outdoor deck

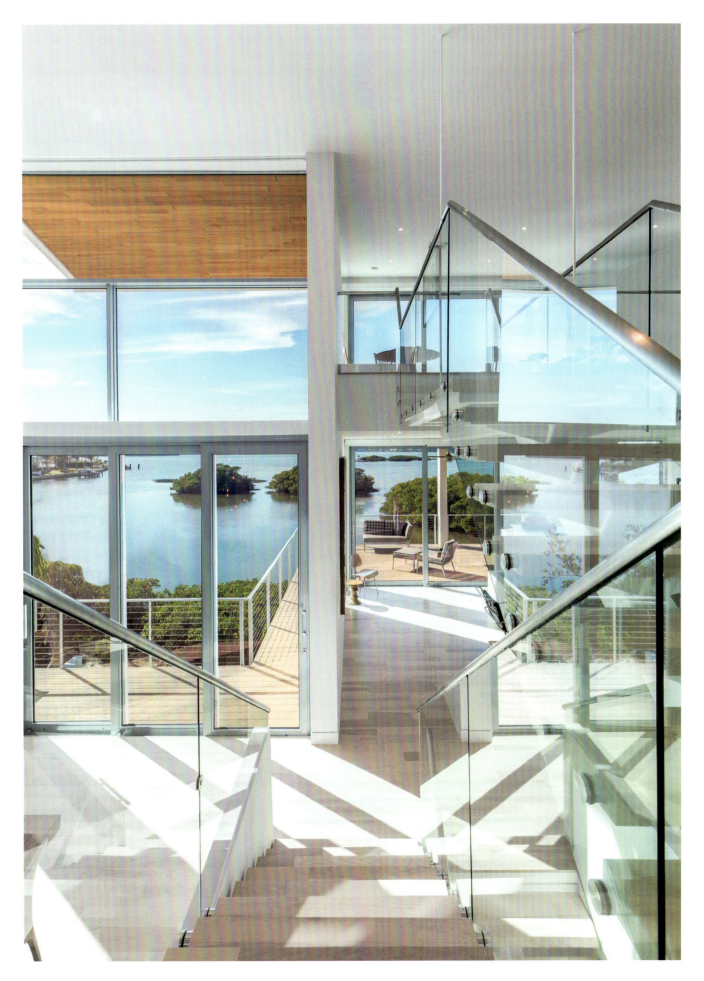

PLUG architecture

PLUG architecture is an urban, architectural, and landscape design studio based in Merida, Yucatan, Mexico. The studio's scope of work addresses reflective teaching, creative research, and responsible practice — as a symbiotic relationship — through a multidisciplinary profile. The discourse behind their ideas supports a landscape-archaeological approach with an accentuated bio-cultural awareness, practical intelligence, and common sense in the use of resources available in the territory. Their work shows a deep respect for the environment, identifying the elements that configure it and manifesting their possibilities of connection. In the last ten years, the studio's work has received over a hundred recognitions with a presence in more than twenty countries, most of them addressing sustainability.

PLUG architecture ist ein Studio für Stadt-, Architektur- und Landschaftsplanung mit Sitz in Merida, Yucatan, Mexiko. Der Arbeitsbereich des Studios umfasst reflektierte Lehre, kreative Forschung und verantwortungsvolle Praxis - als symbiotische Beziehung - durch ein multidisziplinäres Profil. Der Diskurs hinter ihren Ideen unterstützt einen landschaftsarchäologischen Ansatz mit einem akzentuierten biokulturellen Bewusstsein, praktischer Intelligenz und gesundem Menschenverstand bei der Nutzung der in der Region verfügbaren Ressourcen. Ihre Arbeit zeugt von einem tiefen Respekt für die Umwelt, indem sie die Elemente, die sie gestalten, identifizieren und ihre Verbindungsmöglichkeiten aufzeigen. In den letzten zehn Jahren hat die Arbeit des Studios mehr als hundert Anerkennungen erhalten und ist in mehr als zwanzig Ländern vertreten, die meisten davon im Bereich der Nachhaltigkeit.

PLUG architecture est un studio de conception urbaine, architecturale et paysagère basé à Mérida, Yucatan, au Mexique. Le champ d'activité du studio englobe l'enseignement réflexif, la recherche créative et la pratique responsable, dans une relation symbiotique, à travers un profil pluridisciplinaire. Le discours qui sous-tend leurs idées soutient une approche paysagère-archéologique avec une conscience bioculturelle accentuée, une intelligence pratique et du bon sens dans l'utilisation des ressources disponibles sur le territoire. Leur travail témoigne d'un profond respect pour l'environnement, en identifiant les éléments qui le configurent et en manifestant leurs possibilités de connexion. Au cours des dix dernières années, le travail du studio a reçu plus d'une centaine de distinctions et est présent dans plus de vingt pays, dont la plupart sont axés sur la durabilité.

PLUG architecture es un estudio de diseño urbano, arquitectónico y paisajístico con sede en Mérida, Yucatán, México. El ámbito de trabajo del estudio aborda la docencia reflexiva, la investigación creativa y la práctica responsable -como una relación simbiótica- a través de un perfil multidisciplinario. El discurso que sustenta sus ideas sostiene un enfoque paisajístico-arqueológico con una acentuada conciencia biocultural, inteligencia práctica y sentido común en el uso de los recursos disponibles en el territorio. Su trabajo muestra un profundo respeto por el entorno, identificando los elementos que lo configuran y manifestando sus posibilidades de conexión. En los últimos diez años, el trabajo del estudio ha recibido más de un centenar de reconocimientos con presencia en más de veinte países, la mayoría de ellos relacionados con la sostenibilidad.

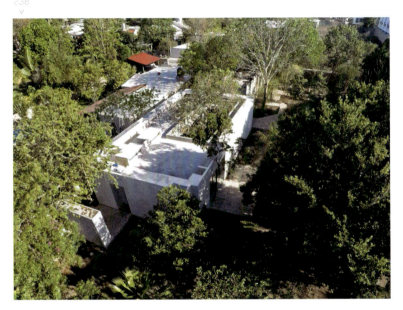

INFILTRATED PATIO

Architectural Team: Román Cordero, Izbeth Mendoza (Architects in charge); Alejandro Aldana, Daniel Aguilar, Sayuri Buenfíl, Yoshimi Hirouchi, Andrea Peraza, Daniel Rodríguez, and Alfonsina Rosas/PLUG architecture

Model Builders: Sayuri Buenfíl and Yoshimi Hirouchi/PLUG architecture

Landscape Designer: PLUG architecture

Client: Cordero Mendoza Family

Lighting Consultant: Arch. Marisi Arjona and PLUG architecture

Structural Engineer: Mauro Caamal/SUMICON

MEP Engineer: Fernando Garza/ITRES

General Contractor: PLUG architecture

Photographers: © Román Cordero and David Matute

PARALLEL DWELLINGS

Architectural Team: Román Cordero, Izbeth Mendoza (Architects in charge); Daniel Rodriguez, Alfonsina Rosas, Sayuri Buenfíl, Andrea Peraza, Yoshimi Hirouch, Pablo Herrera-Lasso, and Jair Benitez/PLUG architecture

Model Builders: Sayuri Buenfíl, Yoshimi Hirouchi, and Jair Benitez/PLUG architecture

Landscape Designer: PLUG architecture

Client: Mena & Munch Developers

Structural Engineer: Mauro Caamal/SUMICON

MEP Engineer: Fernando Garza/ITRES

General Contractor: Mena & Munch, Alejandro Patrón/TACO,

Photographers: © David Matute (aerial photo), Román Cordero, Joel Alavéz, and Oscar Jiménez

plugarchitecture.net   plug_architecture

INFILTRATED PATIO

Santa Gertrudis Copo, Merida, Yucatan, Mexico // Lot area: 80,730 sq ft; building area: 1,400 sq ft

The concept for this residential project revolves around the idea of "a house that protects a tree and treasures a garden." The house, designed for a family of five, has a central courtyard that provides a private outdoor space while bringing daylighting and ventilation to the rooms around it. The different functions are arranged around the courtyard: access and studio (south), storage (west), bedrooms and bathroom (east), and kitchen, dining, and living (north). Its surrounding trombe walls fulfill a passive cooling function. Openings in these walls are limited to provide privacy, responding to the home's location within the boundaries of a large plot that incorporates other houses, equipment, and service facilities open to the public. The central courtyard is the core of the design, showcasing a sample of native vegetation with a ciricote tree (*Cordia dodecandra*) as its center of attention.

Das Konzept für dieses Wohnprojekt dreht sich um die Idee eines „Hauses, das einen Baum schützt und einen Garten schätzt". Das für eine vierköpfige Familie konzipierte Haus verfügt über einen zentralen Innenhof, der einen privaten Außenbereich bietet und gleichzeitig die umliegenden Räume mit Tageslicht versorgt und belüftet. Die verschiedenen Funktionen sind um den Innenhof herum angeordnet: Zugang und Atelier (Süden), Abstellraum (Westen), Schlafzimmer und Bad (Osten) sowie Küche, Ess- und Wohnbereich (Norden). Die äußeren Trombenwände erfüllen eine passive Kühlfunktion. Die Öffnungen in diesen Wänden sind begrenzt, um die Privatsphäre zu wahren und der Lage des Hauses innerhalb eines großen Grundstücks Rechnung zu tragen, auf dem sich weitere Häuser, Geräte und Serviceeinrichtungen befinden, die der Öffentlichkeit zugänglich sind. Der zentrale Innenhof ist das Herzstück des Entwurfs und zeigt eine Auswahl an einheimischer Vegetation mit einem Zirbelkiefernbaum (*Cordia dodecandra*) als Zentrum der Aufmerksamkeit.

Le concept de ce projet résidentiel tourne autour de l'idée d'« une maison qui protège un arbre et valorise un jardin ». La maison, conçue pour une famille de quatre personnes, dispose d'une cour centrale qui offre un espace extérieur privé tout en apportant de la lumière naturelle et une ventilation aux pièces qui l'entourent. Les différentes fonctions sont disposées autour de la cour : l'accès et le studio (sud), le rangement (ouest), les chambres et la salle de bains (est), et la cuisine, la salle à manger et le salon (nord). Ses murs extérieurs Trombe remplissent une fonction de refroidissement passif. Les ouvertures dans ces murs sont limitées pour assurer l'intimité, en réponse à l'emplacement de la maison à l'intérieur des limites d'un grand terrain qui comprend d'autres maisons, des équipements et des installations de service ouverts au public. La cour centrale est le cœur de la conception, mettant en valeur un échantillon de végétation indigène avec un arbre de ciricote (*Cordia dodecandra*) comme point central d'attention.

El concepto de este proyecto residencial gira en torno a la idea de «una casa que protege un árbol y atesora un jardín». La casa, diseñada para una familia de cuatro miembros, tiene un patio central que proporciona un espacio exterior privado a la vez que aporta iluminación natural y ventilación a las habitaciones que lo rodean. Alrededor del patio se distribuyen las distintas funciones: acceso y estudio (sur), almacén (oeste), dormitorios y baño (este), y cocina, comedor y salón (norte). Sus muros Trombe exteriores cumplen una función de refrigeración pasiva. Las aberturas en estos muros son limitadas para proporcionar privacidad, respondiendo a la ubicación de la vivienda dentro de los límites de una gran parcela que incorpora otras casas, equipamientos e instalaciones de servicio abiertas al público. El patio central es el núcleo del diseño, exhibiendo una muestra de vegetación autóctona con un ciricote (*Cordia dodecandra*) como centro de atención.

Location map

Reference images

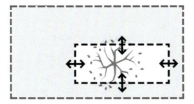

GREEN OPEN CORE

An existing native tree is selected to set up a shaded contemplative/interactive privWate patio that brings natural ventilation to perimetral surrounding indoor activities.

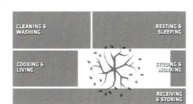

ACTIVITIES ORGANIZATION

The required program is organized around the patio and according to the sun's trajectory and the other areas within the plot.

 130 M2

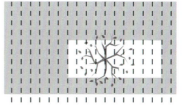

MODULAR STRUCTURE

The house's main structure follows a modular parallel grid of one meter between each axis. All the structure's components are exposed.

SUPPORT WALLS

The perimeter walls function as storage, service, support, or complement spaces for program activities.

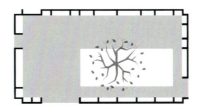

TROMBE BARRIERS

All four sides act as thermal barriers and lighting support. Air valves at the top allow hot air to be released. The house breathes even if the windows are closed.

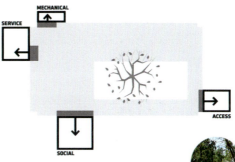

RELATED TERRACES

Each exterior side is related and linked to a specific terrace according to the logic of the inner/outer activities.

Design strategy

 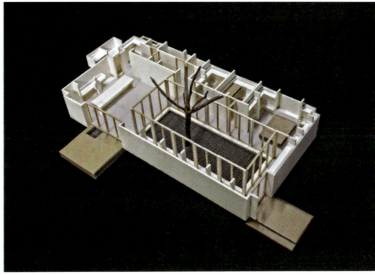

Scale models

Roof plan and elevations

Floor plan and sections

1. Access
2. Bench/shoe rack
3. Bookshelves
4. Pantry
5. Kitchen/Breakfast bar
6. Living/dining area
7. Inner laundry
8. Compartmentalized bathrooms
9. Bedrooms with bunk beds
10. Main bedroom
11. Study
12. Inner patio
13. Access terrace
14. Laundry terrace
15. Living terrace
16. Mechanical room

PARALLEL DWELLINGS

Temozon, Merida, Yucatan, Mexico // Lot area: 8,072 sq ft; building area: 2,798 and 3,412 sq ft

The proposal responds to a construction company's request to build two residences and possibly a third in a later phase. The plots are 15 by 50 meters (about 50 by 165 feet) parallel to each other. These proportions guided the design to propose a linear organization to amplify the longitudinal perception of the lot by establishing two programmed strips: one indoors — the house —; the other outdoors — the garden. The domestic strip is a 5 by 50-meter (15 by 165-foot) prefabricated vaulted structure with storage and equipment integrated into the walls to clear the spaces as much as possible. The depth of the openings within these walls helps protect sun and side views while providing the interiors with views, lighting, and ventilation. All spaces have access to the garden strip full of trees and vegetation, allowing for a comfortable outdoor area during the summer and providing the house interiors with a fresh atmosphere. The garden is, therefore, conceived as an extension of the house, promoting a parallel living interaction between them.

Der Vorschlag entspricht der Anfrage einer Baufirma, die zwei Wohnhäuser - und möglicherweise ein drittes in einer späteren Phase - bauen möchte. Die Grundstücke sind 15 mal 50 Meter groß und liegen parallel zueinander. Diese Proportionen waren die Grundlage für den Entwurf der Häuser, der zwei Streifen vorsieht: einen Innenbereich, das Haus, und einen Außenbereich, den Garten. Das Haus ist ein 5 mal 50 Meter großer, gewölbter Fertigbau, bei dem Lagerräume und Geräte in die langen Außenwände integriert sind, um die Räume so weit wie möglich freizuhalten. Alle Räume haben Zugang zum Garten, der mit Bäumen und Pflanzen bepflanzt ist, so dass der Garten im Sommer ein angenehmer Außenbereich ist und das Haus kühl hält. Der Garten ist daher als ein Raum konzipiert, der als Erweiterung des Hauses im Freien genossen werden kann und das Leben im Freien fördert.

La proposition répond à la demande d'une entreprise de construction pour construire deux résidences, et éventuellement une troisième phase ultérieurement. Les sites sont parallèles, mesurant 15 mètres sur 50. Ces proportions ont guidé la conception des maisons, ce qui a conduit à la création de deux bandes : l'une à l'intérieur, la maison; l'autre à l'extérieur, le jardin. La maison est une structure voûtée préfabriquée de 5 mètres sur 50, avec un stockage et des équipements intégrés dans les longs murs extérieurs pour dégager au maximum les espaces. Toutes les pièces ont accès au jardin paysager avec des arbres et de la végétation, ce qui fait du jardin un espace extérieur confortable pendant l'été et maintient la fraîcheur de la maison. Le jardin est donc conçu comme une pièce à vivre, à apprécier comme une extension extérieure de la maison, favorisant la vie en plein air.

La propuesta responde a la solicitud de una empresa constructora para edificar dos residencias -y posiblemente una tercera en una fase posterior-. Los solares miden 15 x 50 metros, paralelos entre sí. Estas proporciones guiaron el diseño de las viviendas, que se tradujo en la creación de dos franjas: una interior, la casa; otra exterior, el jardín. La casa es una estructura prefabricada abovedada de 5 x 50 metros con almacenamiento y equipamiento integrados en los largos muros exteriores para despejar al máximo los espacios. Todas las habitaciones tienen acceso al jardín ajardinado con árboles y vegetación, lo que hace del jardín un espacio exterior confortable durante el verano y mantiene fresca la vivienda. El jardín se concibe, por tanto, como una estancia que se disfruta como una prolongación exterior de la casa, fomentando la vida al aire libre.

Roof plan and elevations

1. Parking
2. Living/dining area
3. Kitchen
4. Laundry room
5. Service room
6. TV/study room
7. Individual room
8. Individual bathroom
9. Primary bedroom
10. Primary bathroom
11. Support facilities
12. Bar/grill
13. Entry foyer
14. Service access
15. Main access

Floor plan and sections

SOLAR PANELS

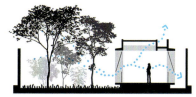
CROSS VENTILATION

LIGHT, SHADE, AND SIGHT CONTROL
WALLS AND CEILINGS

NATURAL AIR COOLING

BIODIGESTION

DIVERSITY OF NATIVE VEGETATION

Active and passive features

Scale model

LYMOLO DESIGN STUDIO

Dan and Kelly Lyons founded Lymolo Design Studio in 2020. Based in Naples, Florida, they have projects — primarily residential — all over the country, but mainly in Southwest Florida along the Gulf Coast. This is where they have lived and worked since 2000. Their location in the sub-tropics has led the firm to develop certain attitudes about site and the relationships between inside and outside. Lymolo Design Studio's projects tend to have a sense of thoughtfulness and attention to detail thanks to a collaborative approach between the studio, the clients, and the general contractor. The team feels fortunate to have clients that allow them to explore the possibilities of the site and their programmatic requirements. They approach every project, regardless of the scale, as an opportunity to help someone solve a problem, explore interesting ideas, and create beautiful spaces.

Dan und Kelly Lyons gründeten das Lymolo Design Studio im Jahr 2020. Mit Sitz in Naples, Florida, haben sie hauptsächlich Wohnprojekte in der ganzen USA, aber hauptsächlich in Southwest Florida entlang der Golfküste. Dort leben und arbeiten sie seit 2000. Ihre Lage in den Subtropen hat das Studio dazu gebracht, bestimmte Einstellungen zur Lage und zur Beziehung zwischen Innen- und Außenräumen zu entwickeln. Lymolo Design Studio-Projekte zeichnen sich durch Sorgfalt und Liebe zum Detail aus, dank eines kollaborativen Ansatzes zwischen dem Studio, den Kunden und dem Generalunternehmer. Das Team fühlt sich glücklich, Kunden zu haben, die es ihnen ermöglichen, die Möglichkeiten des Standorts und der programmatischen Anforderungen zu erkunden. Sie betrachten jedes Projekt, unabhängig von der Größe, als eine Gelegenheit, jemandem zu helfen, ein Problem zu lösen, interessante Ideen zu erkunden und schöne Räume zu schaffen.

Dan et Kelly Lyons ont fondé Lymolo Design Studio en 2020. Basé à Naples, en Floride, ils ont des projets - principalement résidentiels - partout dans le pays, mais surtout dans le sud-ouest de la Floride le long de la côte du Golfe. C'est là qu'ils vivent et travaillent depuis 2000. Leur emplacement dans les sous-tropiques les a amenés à développer certaines attitudes à propos du site et des relations entre l'intérieur et l'extérieur. Les projets de Lymolo Design Studio ont tendance à avoir un sens de la réflexion et de l'attention aux détails grâce à une approche collaborative entre le studio, les clients et l'entrepreneur général. L'équipe se sent chanceuse d'avoir des clients qui leur permettent d'explorer les possibilités du site et de ses exigences programmatiques. Ils abordent chaque projet, quelle que soit l'échelle, comme une opportunité d'aider quelqu'un à résoudre un problème, à explorer des idées intéressantes et à créer des espaces magnifiques.

Dan y Kelly Lyons fundaron Lymolo Design Studio en 2020. Con sede en Naples, Florida, tienen proyectos -principalmente residenciales- en todo el país, pero principalmente en el suroeste de Florida, a lo largo de la costa del Golfo. Aquí es donde han vivido y trabajado desde el año 2000. Su ubicación en el subtrópico ha llevado al estudio a desarrollar ciertas actitudes sobre el emplazamiento y las relaciones entre el interior y el exterior. Los proyectos de Lymolo Design Studio tienden a tener un sentido de la reflexión y la atención al detalle gracias a un enfoque de colaboración entre el estudio, los clientes y el contratista general. El equipo se siente afortunado de contar con clientes que les permiten explorar las posibilidades del lugar y sus requisitos programáticos. Abordan cada proyecto, independientemente de su escala, como una oportunidad para ayudar a alguien a resolver un problema, explorar ideas interesantes y crear espacios bellos.

CLAM BAY RESIDENCE

Architect: Lymolo Design Studio
Landscape Designers: Lymolo Design Studio and Squares Landscaping
Structural Engineer: Nashed Engineering LLC
General Contractor: Kevin Williams Construction
Interior Designer: Lymolo Design Studio
Interior Furnishings: John Elliot Interiors
Photographer: © BCom

MOCKINGBIRD LAKE RESIDENCE

Architect: Lymolo Design Studio
Landscape Designer: Outside Productions International
Structural Engineer: RDAC
General Contractor: Nathan Koch Construction
Interior Designer: True Design
Photographer: © Sun Services SW

lymolodesignstudio.com   lymolodesign

CLAM BAY RESIDENCE

Marco Island, Florida, United States // Lot area: 12,713 sq ft; building area: 6,200 sq ft

Located on an in-land bay just off the Gulf on Marco Island, Florida, this house was designed as a vacation home for a couple from Nebraska. Its location on a cul-de-sac guided the design and configuration. The front of the house adapts to the modest scale of the neighboring homes, leading to a sequence of spaces progressively expanding to follow the site's geometry. Finally, the house opens up entirely to the bay at the back of the site. The design responds to the client's request for a home with a variety of outdoor spaces. Equally important to them was that all the bedrooms had water views. These programmatic requirements led to the creation of a large covered lanai off the family room and kitchen. Directly above the lanai on the second floor is a roof terrace accessible from the bedrooms and sitting room. A covered space outside the first-floor master bedroom provides respite from the sun.

Dieses Haus befindet sich in einer Bucht, die sich direkt vor dem Golf von Mexiko auf Marco Island, Florida, befindet, und wurde als Ferienhaus für ein Paar aus Nebraska entworfen. Die Lage des Hauses in einer Sackgasse bestimmte das Design und die Konfiguration. Die Vorderseite des Hauses passt sich der bescheidenen Größe der benachbarten Häuser an und führt zu einer Abfolge von Räumen, die sich nach und nach ausdehnen und der Geometrie des Standorts folgen. Schließlich öffnet sich das Haus vollständig zur Bucht hin. Das Design reagiert auf den Wunsch des Kunden nach einem Haus mit verschiedenen Außenräumen. Ebenso wichtig war es, dass alle Schlafzimmer einen Blick auf das Wasser haben. Diese programmatischen Anforderungen führten zur Schaffung einer großen überdachten Terrasse neben dem Familienzimmer und der Küche. Direkt darüber im zweiten Stock befindet sich eine Dachterrasse, die von den Schlafzimmern und dem Wohnzimmer aus zugänglich ist. Ein überdachter Bereich außerhalb des Hauptschlafzimmers im Erdgeschoss bietet Schutz vor der Sonne.

Située sur une baie intérieure juste à côté du golfe à Marco Island, en Floride, cette maison a été conçue comme une résidence de vacances pour un couple du Nebraska. Son emplacement dans une impasse a guidé la conception et la configuration. L'avant de la maison s'adapte à l'échelle modeste des maisons voisines, menant à une séquence d'espaces qui s'élargissent progressivement pour suivre la géométrie du site. Enfin, la maison s'ouvre complètement sur la baie à l'arrière du site. La conception répond à la demande du client pour une maison avec une variété d'espaces extérieurs. Tout aussi important pour eux, toutes les chambres avaient des vues sur l'eau. Ces exigences programmatiques ont conduit à la création d'une grande véranda couverte à côté du salon et de la cuisine. Juste au-dessus de la véranda au deuxième étage se trouve une terrasse sur le toit accessible depuis les chambres et la salle de séjour. Un espace couvert à l'extérieur de la chambre principale au premier étage offre un répit du soleil.

Ubicada en una bahía en el Golfo de Marco Island, Florida, esta casa fue diseñada como residencia de vacaciones para una pareja de Nebraska. Su ubicación en una calle sin salida orientó el diseño y la configuración. La fachada de la casa se adapta a la modesta escala de las casas vecinas, dando paso a una secuencia de espacios que se amplían progresivamente siguiendo la geometría del lugar. Por último, la casa se abre por completo a la bahía de la parte trasera del solar. El diseño responde a la petición del cliente de una casa con diversos espacios exteriores. Igualmente importante para ellos era que todos los dormitorios tuvieran vistas al agua. Estos requisitos programáticos llevaron a la creación de una gran terraza cubierta junto a la sala de estar y la cocina. Justo encima de la terraza, en la segunda planta, hay una azotea accesible desde los dormitorios y el salón. Un espacio cubierto fuera del dormitorio principal del primer piso proporciona un respiro del sol.

East elevation

West elevation

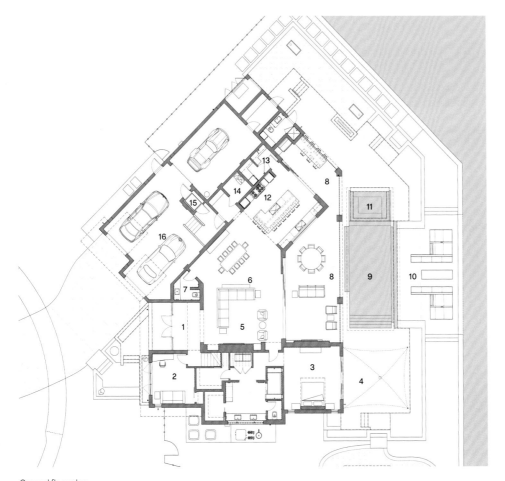

Ground floor plan

Second floor plan

1. Entry foyer
2. Office
3. Primary bedroom
4. Covered terrace
5. Family room
6. Dining area
7. Powder room
8. Lanai
9. Pool
10. Pool deck
11. Whirlpool
12. Kitchen
13. Pantry
14. Utility room
15. Elevator
16. Garage
17. Bedroom
18. Laundry room
19. Sitting area
20. Terrace

MOCKINGBIRD LAKE RESIDENCE

Naples, Florida, United States // Lot area: 86,811 sq ft; building area: 6,570 sq ft

The house is located in one of the few Naples communities with both good size lots and lake views. What began as a renovation project of an existing home quickly turned into a teardown. At this point, two things were important to the clients: the house needed to accommodate a family of five, and there had to be a connection to the outdoors and the lake. The house layout separates public and private spaces to satisfy the family's different needs. A large central area containing the kitchen, dining, family room, and an adjoining lounge — also serving as a music center — is the heart of the house. Outside the great room is a covered lanai that connects the interior with the pool, deck, and sunken fire pit that opens to the lake. In contrast, a private retreat with gardens outside the master bedroom and bathroom invites quiet and relaxation. A spiral staircase outside the media room leads to a rooftop terrace with panoramic backyard and lake views.

Das Haus befindet sich in einer der wenigen Gemeinden in Naples mit großen Grundstücken und Seeblick. Was als Renovierungsprojekt eines bestehenden Hauses begann, wurde schnell zu einem Abriss. An diesem Punkt waren zwei Dinge für die Kunden wichtig: Das Haus musste eine Familie mit fünf Personen aufnehmen und es musste eine Verbindung zum Freien und zum See geben. Die Gestaltung des Hauses trennt öffentliche und private Räume, um den unterschiedlichen Bedürfnissen der Familie gerecht zu werden. Ein großer zentraler Bereich mit Küche, Esszimmer, Wohnzimmer und angrenzender Lounge, die auch als Musikzentrum dient, ist das Herz des Hauses. Draußen befindet sich eine überdachte Terrasse, die das Innere mit dem Pool, der Terrasse und dem versunkenen Feuerplatz verbindet, der zum See hin offen ist. Im Gegensatz dazu lädt ein privater Rückzugsort mit Gärten außerhalb des Hauptschlafzimmers und des Badezimmers zur Ruhe und Entspannung ein. Eine Wendeltreppe außerhalb des Medienraums führt zu einer Dachterrasse mit Panoramablick auf den Hinterhof und den See.

La maison est située dans l'une des rares communautés de Naples avec à la fois de grandes parcelles et des vues sur le lac. Ce qui a commencé comme un projet de rénovation d'une maison existante s'est rapidement transformé en une démolition. À ce stade, deux choses étaient importantes pour les clients : la maison devait accueillir une famille de cinq personnes et il devait y avoir une connexion avec l'extérieur et le lac. La disposition de la maison sépare les espaces publics et privés par un patio central ouvert avec une piscine à débordement à l'arrière. La chambre principale est placée à l'écart avec une terrasse privée. Un double escalier en béton mène à une terrasse sur le toit avec vue sur le lac et un espace de vie extérieur abrité. La façade est recouverte de stuc blanc et de fenêtres en bois pour un look frais et élégant. La résidence Mockingbird Lake exprime une connexion étroite avec la nature tout en offrant des espaces de vie modernes et confortables pour la famille.

La casa está situada en una de las pocas comunidades de Naples con parcelas de buen tamaño y vistas al lago. Lo que comenzó como un proyecto de renovación de una casa existente se convirtió rápidamente en un derribo. En este punto, dos cosas eran importantes para los clientes: la casa tenía que acomodar a una familia de cinco personas, y tenía que haber una conexión con el exterior y el lago. La distribución de la casa separa los espacios públicos de los privados para satisfacer las distintas necesidades de la familia. El corazón de la casa es una gran zona central que alberga la cocina, el comedor, la sala de estar y un salón contiguo que también sirve como centro de música. Fuera del gran salón hay una terraza cubierta que conecta el interior con la piscina, la terraza y el pozo de fuego hundido que se abre al lago. En contraste, un refugio privado con jardines fuera del dormitorio principal y cuarto de baño invita a la tranquilidad y la relajación. Una escalera de caracol fuera de la sala de medios de comunicación conduce a una terraza en la azotea con vistas panorámicas al patio trasero y al lago.

North elevation

East elevation

South elevation

West elevation

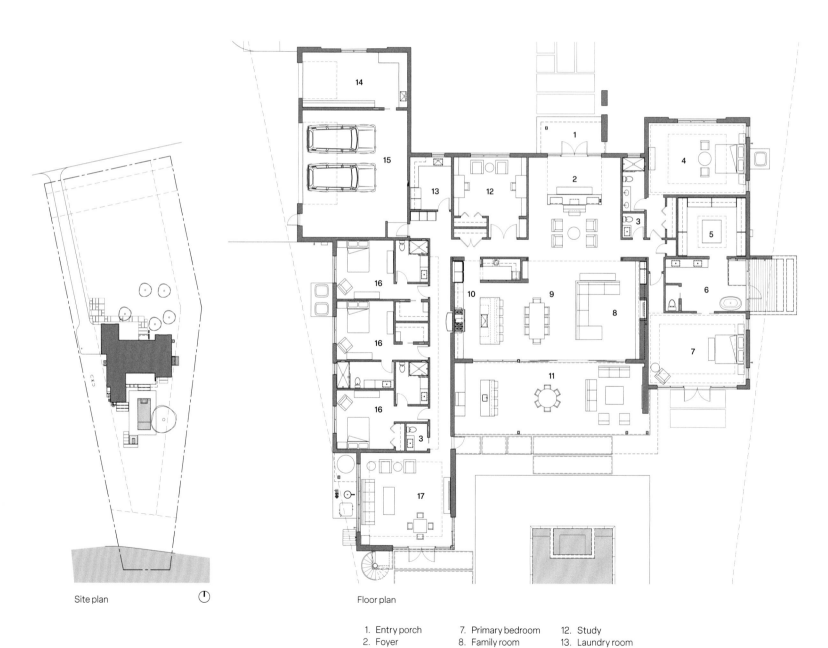

Site plan

Floor plan

1. Entry porch
2. Foyer
3. Powder room
4. Guestroom
5. Primary closet
6. Primary bathroom
7. Primary bedroom
8. Family room
9. Dining area
10. Kitchen
11. Covered terrace/ outdoor living/dining
12. Study
13. Laundry room
14. Studio
15. Garage
16. Bedroom
17. Media room

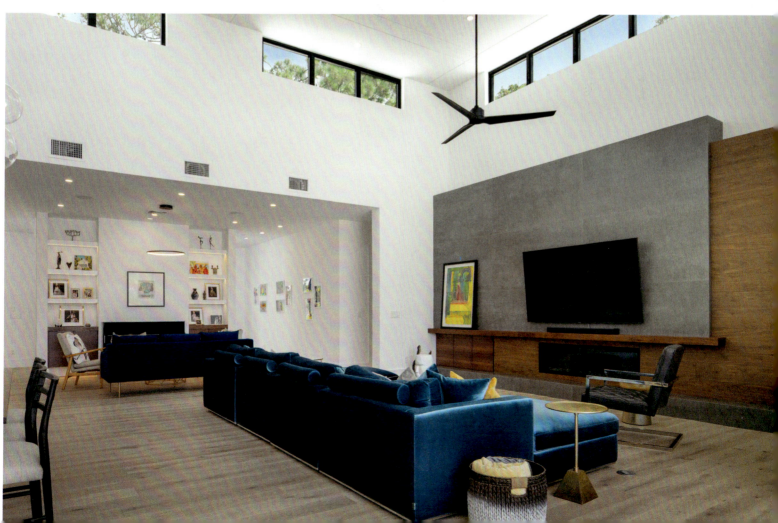

ARCHITECTS BY THE SEA

Architects by the Sea is a design and construction firm based in Los Cabos, Baja California Sur, Mexico. Created in 2020 by two passionate architects, Nina Anguelova and Paulina Zepeda, the firm has a varied portfolio encompassing clients all over the world and projects in Europe and Mexico. With over twenty years of professional experience, the team specializes in residential, commercial, lighting, and yacht design, striving to exceed their clients' expectations. The clients' passion for the sea has inspired them to create unique and modern designs, turning the challenges often presented by the proximity to the water into design opportunities that enhance the quality of life of those occupying their spaces.

Architects by the Sea ist ein Design- und Baufirma mit Sitz in Los Cabos, Baja California Sur, Mexiko. 2020 von zwei leidenschaftlichen Architekten, Nina Anguelova und Paulina Zepeda, gegründet, umfasst das Unternehmen ein breites Portfolio von Kunden auf der ganzen Welt und Projekte in Europa und Mexiko. Mit über zwanzig Jahren professioneller Erfahrung hat sich das Team auf Wohn-, Gewerbe-, Beleuchtungs- und Yachtdesign spezialisiert und strebt danach, die Erwartungen ihrer Kunden zu übertreffen. Die Leidenschaft der Kunden für das Meer hat sie dazu inspiriert, einzigartige und moderne Designs zu kreieren, die die Herausforderungen, die oft durch die Nähe zum Wasser entstehen, in Gestaltungsmöglichkeiten umwandeln, die die Lebensqualität der Nutzer verbessern.

Architects by the Sea est une entreprise de conception et de construction basée à Los Cabos, en Basse-Californie du Sud, au Mexique. Créée en 2020 par deux architectes passionnées, Nina Anguelova et Paulina Zepeda, l'entreprise possède un portefeuille varié englobant des clients du monde entier et des projets en Europe et au Mexique. Forte de plus de vingt ans d'expérience professionnelle, l'équipe se spécialise dans la conception résidentielle, commerciale, d'éclairage et de yachts, s'efforçant de dépasser les attentes de leurs clients. La passion des clients pour la mer les a inspirés à créer des designs uniques et modernes, transformant les défis souvent présentés par la proximité de l'eau en occasions de conception qui améliorent la qualité de vie de ceux qui occupent leurs espaces.

Architects of the Sea es una empresa de diseño y construcción con sede en Los Cabos, Baja California Sur, México. Creada en 2020 por dos apasionadas arquitectas, Nina Anguelova y Paulina Zepeda, la firma cuenta con un variado portafolio que abarca clientes de todo el mundo y proyectos en Europa y México. Con más de veinte años de experiencia profesional, el equipo se especializa en diseño residencial, comercial, de iluminación y de yates, esforzándose por superar las expectativas de sus clientes. La pasión de sus clientes por el mar les ha inspirado para crear diseños únicos y modernos, convirtiendo los retos que a menudo presenta la proximidad del agua en oportunidades de diseño que mejoran la calidad de vida de quienes ocupan sus espacios.

LAGUNA HILLS RESIDENCE

Architect: Architects by the Sea
Structural Engineer: Alfa Cálculo Estructural
Landscape Designer: Two Arquitectura
Renderings: © Studio Navarro

PALMILLA SUR RESIDENCE

Architect: Architects by the Sea
Structural Engineer: Summus
Renderings: © Studio Navarro

architectsbythesea.com   architectsbythesea

LAGUNA HILLS RESIDENCE

East Cape, Baja California Sur, Mexico // Lot area: 21,500 sq ft; building area: 4,600 sq ft

Laguna Hills Residence is a two-story home with an adjacent *casita* in a steep lot between two streets. The site offers spectacular views of the East Cape. The main house was designed on two levels with access from the upper street, while the lower street gives access to the *casita*. The client wanted a clean, modern look with natural materials and a design that prioritizes the views and outdoor living. To this end, the infinity pool makes a statement on how this house is structurally a challenging work of architecture. Located in the desert, the house is off-grid and relies on solar panels to power the home and heat the pool. In line with sustainable principles, a water treatment plant recycles water for irrigation.

Die Laguna Hills Residence ist ein zweistöckiges Haus mit einer angrenzenden *Casita* auf einem steilen Grundstück zwischen zwei Straßen. Der Standort bietet spektakuläre Aussichten auf die East Cape. Das Hauptgebäude wurde auf zwei Ebenen mit Zugang von der oberen Straße und die untere Straße zur *Casita* entworfen. Der Kunde wünschte sich einen sauberen, modernen Look mit natürlichen Materialien und einem Design, das die Aussichten und das Leben im Freien priorisiert. Zu diesem Zweck macht der Infinity-Pool eine Aussage darüber, wie dieses Haus strukturell eine herausfordernde architektonische Arbeit ist. Das Haus ist autark und wird mit Solarmodulen betrieben, um das Haus mit Strom zu versorgen und den Pool zu heizen. Im Einklang mit nachhaltigen Prinzipien wird eine Wasseraufbereitungsanlage für die Bewässerung genutzt.

La Résidence Laguna Hills est une maison à deux étages avec une *casita* adjacente sur un terrain en pente entre deux rues. Le site offre une vue spectaculaire sur la côte est. La maison principale a été conçue sur deux niveaux avec un accès depuis la rue supérieure, tandis que la rue inférieure donne accès à la *casita*. Le client souhaitait un look propre et moderne avec des matériaux naturels et une conception qui privilégie les vues et la vie en plein air. À cette fin, la piscine à débordement témoigne de la manière dont cette maison est structurellement un travail d'architecture stimulant. Située dans le désert, la maison est autonome et repose sur des panneaux solaires pour alimenter la maison et chauffer la piscine. Conformément aux principes durables, une station de traitement des eaux recycle l'eau pour l'irrigation.

La residencia Laguna Hills es una casa de dos plantas con una casita adyacente en un terreno empinado entre dos calles. El emplazamiento ofrece unas vistas espectaculares del Cabo Este. La casa principal se diseñó en dos niveles con acceso desde la calle superior, mientras que la calle inferior da acceso a la Casita. El cliente quería un aspecto limpio y moderno, con materiales naturales y un diseño que diera prioridad a las vistas y a la vida al aire libre. Para ello, la piscina desbordante pone de manifiesto que esta casa es estructuralmente una desafiante obra de arquitectura. Situada en el desierto, la casa no está conectada a la red eléctrica y utiliza paneles solares para abastecerla y calentar la piscina. En línea con los principios de sostenibilidad, una planta de tratamiento de aguas recicla el agua para el riego.

Views from the site

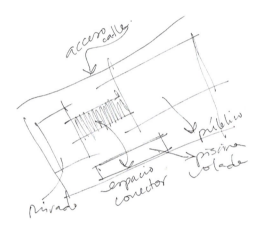
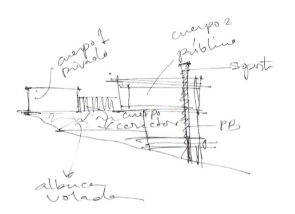

Conceptual sketches

Computer-generated perspective view

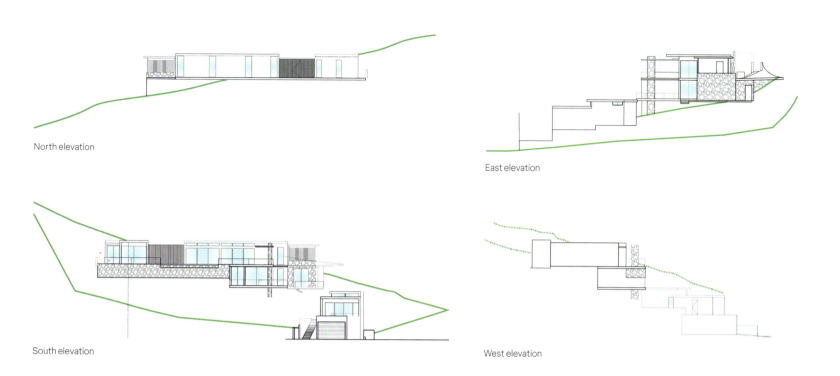

North elevation

East elevation

South elevation

West elevation

Section A

Section B

Section C

Section D

Section E

Section F

Section G

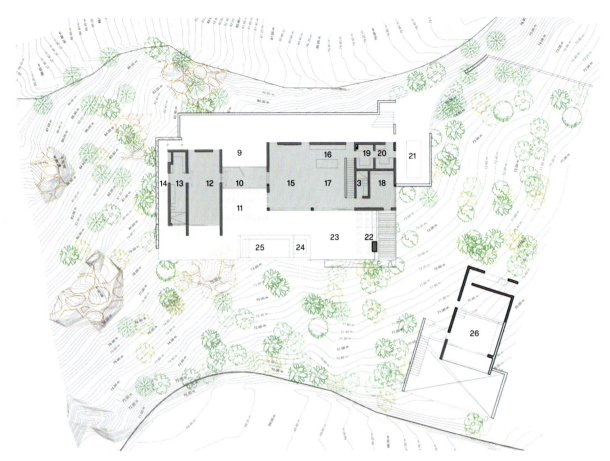

Upper floor plan

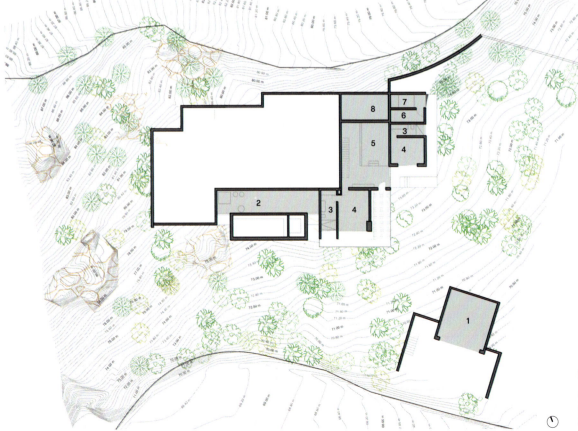

Lower floor plan

1. Garage
2. Mechanical room
3. Bathroom
4. Bedroom
5. Media room
6. Solar room
7. AC room
8. Water tank
9. Main entrance
10. Foyer
11. Outdoor living area
12. Primary bedroom
13. Primary bathroom
14. Service hall
15. Living area
16. Kitchen
17. Dining area
18. Studio
19. Pantry/laundry room
20. Sand room
21. Carport
22. Barbecue area
23. Terrace
24. Whirlpool
25. Pool
26. *Casita*

PALMILLA SUR RESIDENCE

San Jose del Cabo, Baja California Sur, Mexico // Lot area: 14,790 sq ft; building area: 5,800 sq ft

Functional living areas, generous outdoor spaces, and breathtaking views define this two-story home devised for a unique hillside lot with spectacular views of a private cove in San Jose del Cabo, Mexico. The project encompasses a two-story house and a one-bedroom *casita* with a full bathroom and kitchenette. The project's unique character lies in the challenges presented by the site's topography, natural beauty, and unparalleled sea views. The main house's lower level with an open plan living/dining kitchen can function as an independent unit, suitable for extended visits. Generous terraces, an outdoor kitchen, and a herb garden make the most of outdoor living. The main living spaces on the upper level take in unobstructed views of the sea. The design approach seeks to create a comfortable living environment in harmony with its natural surroundings.

Funktionale Wohnbereiche, großzügige Außenbereiche und atemberaubende Ausblicke zeichnen dieses zweistöckige Haus aus, das für ein einzigartiges Hanggrundstück mit spektakulären Aussichten auf eine private Bucht in San Jose del Cabo, Mexiko, entwickelt wurde. Das Projekt umfasst ein zweistöckiges Haus und eine ein Schlafzimmer umfassende *Casita* mit einem voll ausgestatteten Badezimmer und einer Küchenzeile. Der einzigartige Charakter des Projekts liegt in den Herausforderungen, die sich aus der Topografie, der natürlichen Schönheit und den unvergleichlichen Meerblicken des Geländes ergeben. Das Hauptgebäude im unteren Stockwerk mit einem offenen Wohn-/Esszimmer und einer Küche kann als unabhängige Einheit genutzt werden, die für längere Besuche geeignet ist. Großzügige Terrassen, eine Außenküche und ein Kräutergarten nutzen das Leben im Freien optimal. Die Hauptwohnbereiche im oberen Stockwerk bieten uneingeschränkte Aussicht auf das Meer. Der Gestaltungsansatz zielt darauf ab, eine komfortable Wohnumgebung in Harmonie mit der natürlichen Umgebung zu schaffen.

Des espaces de vie fonctionnels, des espaces extérieurs généreux et des vues à couper le souffle définissent cette maison à deux étages. Elle est conçue pour un terrain en pente unique qui offre une vue spectaculaire sur une crique privée à San Jose del Cabo, au Mexique. Le projet englobe une maison à deux étages et une *casita* d'une chambre avec une salle de bain complète et une kitchenette. Le caractère unique du projet réside dans les défis posés par la topographie du site, la beauté naturelle et les vues imprenables sur la mer. Le niveau inférieur de la maison, avec un plan ouvert salon/salle à manger cuisine, peut fonctionner comme une unité indépendante, adaptée aux visites prolongées. De généreuses terrasses, une cuisine extérieure et un jardin d'herbes aromatiques maximisent la vie en plein air. Les espaces de vie principaux du niveau supérieur offrent des vues dégagées sur la mer. L'approche de conception vise à créer un environnement de vie confortable en harmonie avec son environnement naturel.

Zonas de estar funcionales, espacios exteriores generosos y vistas impresionantes definen esta casa de dos plantas ideada para un terreno único en la ladera de una colina con espectaculares vistas a una cala privada en San José del Cabo, México. El proyecto abarca una casa de dos plantas y una casita de un dormitorio con baño completo y cocina americana. El carácter único del proyecto radica en los retos planteados por la topografía del lugar, la belleza natural y las incomparables vistas al mar. La planta baja de la casa principal, con un salón comedor de planta abierta, puede funcionar como una unidad independiente, adecuada para visitas prolongadas. Amplias terrazas, una cocina exterior y un jardín de hierbas aprovechan al máximo la vida al aire libre. Los espacios principales de la planta superior gozan de vistas despejadas al mar. El enfoque del diseño busca crear un entorno confortable en armonía con su entorno natural.

View from the site

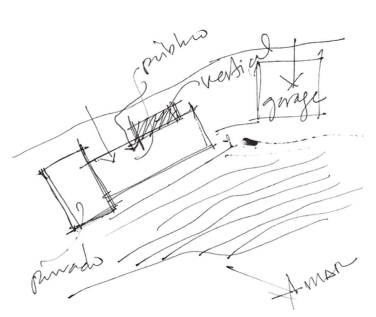

Conceptial sketch

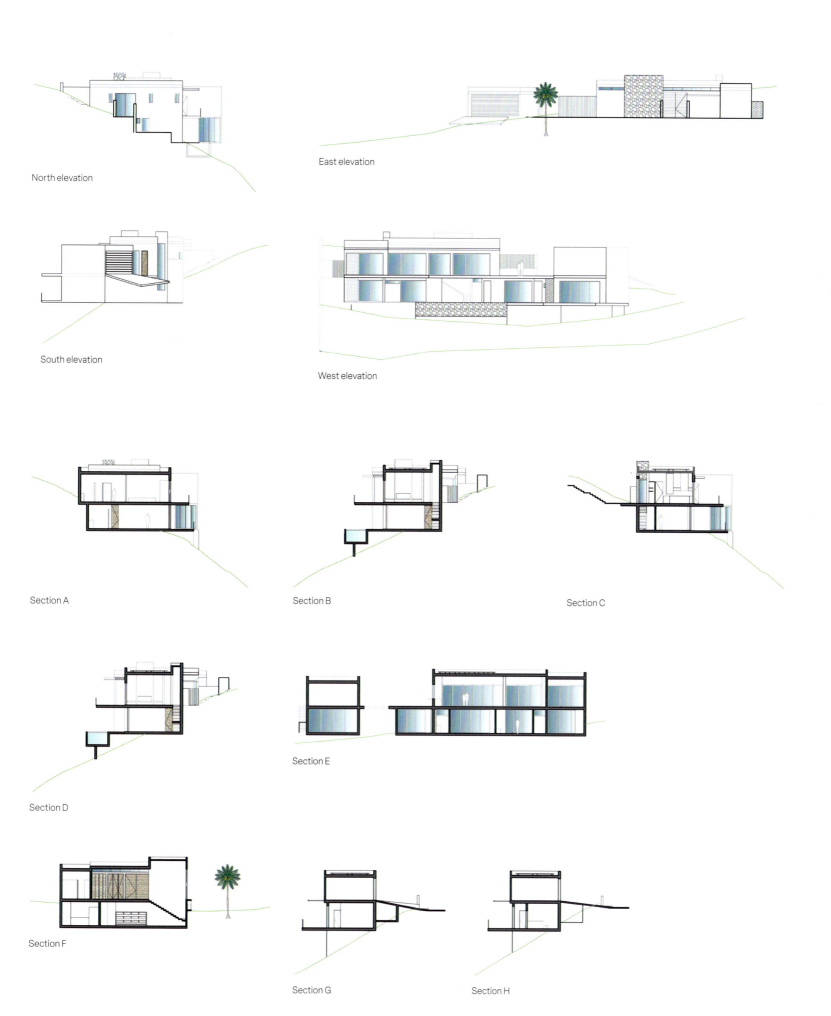

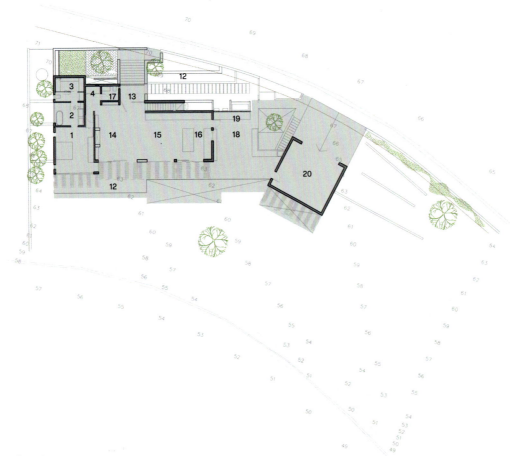

Upper floor plan

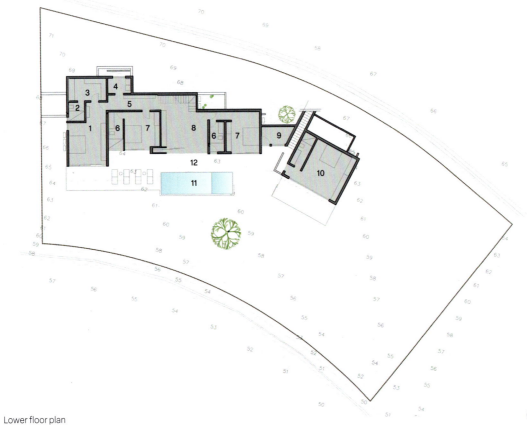

Lower floor plan

1. Primary bedroom
2. Primary bathroom
3. Walk-in-closet
4. Laundry room
5. Hallway
6. Bathroom
7. Bedroom
8. Kitchen/living area
9. Mechanical room
10. *Casita*
11. Pool
12. Terrace
13. Main entrance
14. Living area
15. Dining area
16. Kitchen
17. Powder room
18. Outdoor dining
19. Barbecue area
20. Garage